U0092939

法學啟蒙叢書

行政法系列——

行政法基本原則

◎周佳宥　著

The Administrative Law

The Administrative Law

The Administrative Law

The Administrative Law

三民書局

國家圖書館出版品預行編目資料

行政法基本原則／周佳宥著.－－初版一刷.－－臺北
市：三民，2016
　　　面；　公分

ISBN 978–957–14–6184–7　（平裝）
　　1.行政法

588　　　　　　　　　　　　　　　　　105013604

© 　行政法基本原則

著 作 人	周佳宥
責任編輯	陳韻筑
美術設計	吳柔語
發 行 人	劉振強
著作財產權人	三民書局股份有限公司
發 行 所	三民書局股份有限公司
	地址　臺北市復興北路386號
	電話　(02)25006600
	郵撥帳號　0009998–5
門 市 部	（復北店）臺北市復興北路386號
	（重南店）臺北市重慶南路一段61號
出版日期	初版一刷　2016年9月
編 　 號	S 586280

行政院新聞局登記證局版臺業字第○二○○號

有著作權・不准侵害

ISBN　978–957–14–6184–7　（平裝）

http://www.sanmin.com.tw　三民網路書店
※本書如有缺頁、破損或裝訂錯誤，請寄回本公司更換。

序 言

　　2010 年自德國學成歸國後，在恩師謝榮堂教授引薦下回到母校文化大學法律系兼任行政法教師，開啟自己 6 年來的行政法教學生涯。累積幾年的行政法教學經驗後，作者深知行政法一般原理原則的內容對初學者而言，是邁入行政法領域的一大門檻，因為此些內容不僅高度抽象，且學習者尚須具備憲法學上的基本觀念，方能理解各項原則於行政法領域之適用，因此萌生撰寫一本淺顯易懂的行政法原理原則書籍，俾使更多行政法初學者能夠順利的跨過這項限制。感謝三民書局的邀請，讓我有機會將自己幾年以來的教學內容轉化為文字，嘗試用較為淺白易懂的文字表達抽象的概念，但這也是寫作過程中最艱鉅的挑戰。感謝我的研究生仔賢、冠涵、彥齡、大偉、少峰、任傑、敏軒、佳珍及佳依的協助與砥礪，因為他們的努力與堅持，才能讓我能順利的完成此書，借此一隅以表謝意。

　　回國 6 年以來，感謝師長一路的鼓勵與嘉勉，讓我在教學研究的道路上順利前行。感謝劉孔中教授在剛回國之初，給我一個安心作研究的空間與條件；感謝劉淑範教授在我擔任中央研究院博士後研究員期間對我的指導與鼓勵；感謝文化大學法學院何曜琛院長、文化大學法律系林桓志主任及許惠峰主任給予的良好研究環境，讓自己在無後顧之憂的情況下，充實教學與研究內容。最後，要感謝陳友鋒教授的提攜與賞識，與陳老師的草山深夜對談，每每讓我對行政法原理原則的運用有重新的思考與體會。

　　回首來時路，除師長的鼓勵與學生的期待與要求外，最重要要感謝的是我的父母，感謝他們一直無怨無悔的付出與栽培，容忍我每日早出晚歸，將自己的時間都花費在教學與研究上，而忽略對他們的陪伴。我願將此書獻給我最愛的父母，因為有你們，才有今天的我與這本書籍的問世，感謝你們！

丙庚年、仲夏、草山

行政法基本原則

目次

序 言

第一章 緒 論

第一節 行政與行政法

壹、行政之意義 2

一、「行政」的意義 2

二、實質意義的行政 3

貳、行政之分類 7

一、依行政之任務或目的區分 7

二、依行政行為之法律形式區分 9

參、公法與私法之區別 12

一、公法與私法必須區別之理由 12

二、公法與私法之區別實益 12

三、公法與私法之區別標準 13

肆、行政法與其他法律關係

一、行政法與憲法 15

二、行政法與民法 15

三、行政法與刑法 16

contents

第二節　行政法之法律關係

壹、行政法律關係 ———————————————— 17
一、行政法律關係之概念 ———————————————— 17
二、行政法律關係之變動 ———————————————— 17
三、行政法律關係之內容 ———————————————— 20

貳、特別權力關係 ———————————————— 29
一、「特別權力關係」之概念與種類 ———————————— 29
二、「特別權力關係」之特徵 ———————————————— 30
三、德國突破「特別權力關係」理論之發展進程 ———————— 31
四、我國「特別權力關係」之發展 ————————————— 33

第三節　行政法法源

壹、法源與法規範之概念 ———————————————— 45
一、法源之概念 ———————————————————— 45
二、法規範之概念 ——————————————————— 45

貳、成文法作為行政法法源 ———————————————— 46
一、憲　法 ————————————————————— 46
二、法　律 ————————————————————— 46
三、命　令 ————————————————————— 46
四、自治規章 ———————————————————— 50
五、條　約 ————————————————————— 51

參、不成文法源 53

一、習慣法 53

二、判　例 54

三、司法院大法官解釋 56

四、決　議 56

五、一般行政法原理原則 57

肆、法源之位階與適用 57

一、法源位階之概念 57

二、成文法法源之位階 58

三、不成文法法源之位階 59

四、不同位階法源之適用 59

五、同位階法源之適用 60

第二章　行政法一般原理原則

第一節　依法行政

壹、概　說 62

一、依法行政原則之內涵 62

二、依法行政原則之「法」之意義 62

貳、法律優位原則 64

一、法律優位原則之內涵 64

二、法律優位原則於私經濟行政之適用 66

contents

參、法律保留原則 67

一、法律保留原則之內涵 67

二、法律保留原則之憲法依據 67

三、法律保留原則之適用範圍與密度 68

四、法律保留與授權明確性原則 73

五、法律保留原則於我國之適用 74

肆、依法行政原則之審查及法律效果 76

第二節　明確性原則

壹、源　起 77

貳、明確性原則之運用 78

參、法律明確性 79

一、概　說 79

二、法律明確性之審查標準 80

肆、法律授權明確性 82

一、概　說 82

二、法律授權明確性原則的限制 83

三、授權明確性的審查標準 84

伍、行政行為明確性 ··· 86

一、概　說 ··· 86

二、明確性原則於行政處分之落實 ····························· 86

三、重要實務見解 ··· 88

第三節　平等原則

壹、緒　論 ·· 91

貳、意　義 ·· 92

一、平等權 ··· 92

二、平等原則 ·· 93

三、禁止恣意 ·· 95

四、相當程度關聯性 ·· 95

五、否認不法平等 ··· 97

參、平等原則於行政法領域之落實 ······················ 98

一、平等原則於裁量案件之運用 ································· 98

二、平等原則於稅法領域之運用 ································· 100

**肆、重要案例分析與討論——臺北高等行政法院 94
年訴字第 752 號判決** ·· 101

一、事實概要 ·· 101

二、法院之操作與運用 ··· 102

三、評　析 ·· 103

contents

第四節　比例原則

壹、比例原則之地位 ————————————————— 104

貳、比例原則內涵 ————————————————— 105

一、適當性原則 ————————————————— 106

二、必要性原則 ————————————————— 106

三、狹義比例性原則 ————————————————— 107

參、比例原則適用領域 ————————————————— 108

一、干涉行政 ————————————————— 108

二、給付行政 ————————————————— 108

三、計畫行政 ————————————————— 109

肆、比例原則於司法實務中之運用 ————————————————— 110

伍、比例原則運用上之危機 ————————————————— 113

第五節　誠實信用及信賴保護原則

壹、概　說 ————————————————— 114

貳、誠實信用原則 ————————————————— 114

一、緣　由 ————————————————— 114

二、意　義 ————————————————— 115

三、適　用 120

四、適用效果 123

參、信賴保護原則 124

一、要　件 125

二、適用範圍 127

三、適用效果 127

第六節　正當程序

壹、公平原則 130

一、迴　避 130

二、組織適法 132

三、程序外接觸禁止 134

貳、公正原則——聽證與陳述意見 136

一、聽證權 136

二、陳述意見 141

三、我國聽證程序之實踐 143

參、公開原則——資訊公開 144

一、政府資訊公開法 144

二、閱覽卷宗 146

三、我國資訊公開之現狀 149

contents

第七節　不當聯結禁止原則

壹、不當聯結禁止概念 151

貳、法理依據 152
一、法治國原則說 152
二、比例原則說 153
三、禁止恣意原則說 153
四、本文見解 154

參、不當聯結禁止原則之判準及適用領域 154
一、不當聯結禁止原則之判準 154
二、不當聯結禁止原則之適用領域 156

肆、實務案例 160

參考書目

第一章

緒　論

第一節　行政與行政法

壹、行政之意義

一、「行政」的意義

「行政」(*Verwaltung; administration*) 一詞，係指執行管理之意。惟行政法上之行政概念係指「廣義之國家行政」，亦即「公行政」(*Öffentliche Verwaltung*)。公行政之行政意涵，在組織、功能及法律意義上皆與其他領域之行政意涵有所不同。然而何謂「行政」？此可由不同方向來說明：

㈠組織意義的行政

係指由行政主體、行政機關及其他機構所組成之行政組織整體之總稱，一般將其稱為「組織意義之行政」或「制度意義之行政」。所謂行政主體，包括各種國家組織體，如國家法人、地方自治團體、其他各類公法人及受委託行使公權力之私人。從組織角度理解行政概念應非錯誤，惟無法觸及行政作用層面，故有所不足。

㈡形式意義的行政

有鑑於從組織意義下觀察行政概念略有不足，故嘗試從「行為」角度詮釋行政，不失為一種方法。從權力分立角度觀察，所謂行政係指組織意義下之行政機關所為活動之總稱。此種觀察方式最令人詬病之處在於並非只有行政機關所為之活動才是行政，立法機關或司法機關中亦存有行政作用，如國會議長行使警察權或法院受理法人登記等，均是行政作用。

㈢實質意義的行政

無論從組織或形式角度觀察行政，大致上都具有定義過隘之弊，因此有學者嘗試觀察行政「內涵」以說明行政概念，學理上將其稱為「實質意義的行政」。此種觀察方法嘗試以所有的行政行為（行政作用）、措施、活

動作為觀察重點，其涉及範圍可謂「由搖籃到框架」，是在行政法學中討論最多且最主要的方式。以下以此進行深入說明。

● 二、實質意義的行政

實質意義的行政可分為三說，以下分別說明：

㈠消極說

又稱「扣除說」。此說從權力分立理論出發，認為在區分行政、立法及司法三權之國家作用中，扣除立法、司法行為及統治行為，國家或其他公權力團體（地方政府）的活動皆屬於實質意義的行政行為。

但藉此定義欲掌握行政活動的內容，必須先了解立法、司法行為及統治行為的意義：

1.立法行為：創設一般（人）、抽象（事）法規範的行為；

2.司法行為：由中立的國家機關（法院）依據有效、客觀的法規範，就特定事實關係，所為具有拘束力的法判斷行為（裁判）；

3.統治行為：主要基於政治考量，所為的「決策行為」。因統治行為主要目標在於「決策」而不在執行，與行政活動不同，因此有主張統治行為應不適合為司法機關所審查，但此主張事實上應該僅涉及法審查密度之不同而已。

消極說採取十分簡便之方式來說明行政概念，惟此種以負面方式界定概念，其缺點為仍無法知悉「行政」真正的意涵。

㈡積極說

相對於消極說，積極說學者嘗試對行政作用內涵作積極定義，惟各該定義者觀察視角與著重之處有所差異，呈現出各說各話、莫衷一是的窘境。此處僅試舉一例以為說明，德國學者 Wolff、Bachof 試圖定義行政為：「實質意義之公行政，乃公共團體對該團體及成員之事務，經由所任用之工作

人員，所為之多樣、有條件或目的已定，因而係由他人決定，僅得部分規劃及自行決定如何實施及形成之執行行為❶。」根據此一定義，行政有下列幾項特徵：

1.行政活動係由行政機關來運作；

2.行政行為有兩大類型，其一為「條件式行為模式」：即當符合法定構成要件時，即須為特定的行政行為；其二為「目標式行為模式」：即由立法機關確定特定的目標，行政機關為行政行為時，必須遵守此目標，但達成目標的手段，則可由行政機關自行選擇、參與、形成。

　　姑且不論此種定義方法是否能夠窮盡行政的特徵，進而可以和其他國家公權力作出清楚區隔，此說光是文字的運用就已經令人費解，更遑論要實際操作概念❷。

(三)特徵描述說

　　無論是消極說或積極說，皆有其缺失，甚難對行政作一圓滿且周全的定義。因此一個符合實際需求的學說應係承認行政概念之多義性，E. Forsthoff 教授認為「行政只能加以描述，而無法予以定義❸。」受到 Forsthoff 教授的影響，晚近行政法學者大多採「消極說」的基本立場，另輔以「特徵描述說」為補充，放棄對行政加以積極定義。

【附論】　政府行為（統治行為）

● 一、意　義

　　所謂「政府行為」（*Regierungsakte，Acte de Gouvernement*），係指有關國家存立、統治等具有高度政治性，且為最基本性的國家最高政治機關之

---

❶ Wolff/Bachof, Verwaltungsrecht I, 9. Aufl.,§1 Rn. 6.

❷ 參見：李建良，《行政法基本十講》，初版 1 刷，2011 年 3 月，第 4 頁。

❸ 參見：李惠宗，《行政法要義》，第 6 版，2012 年 9 月，第 4 頁。

行為。易言之，統治行為對外係指規律本國與外國之關係，對內係指策定國政方針、選任政府各部門首長等決定國家與國民命運之重要行為。

二、特　徵

統治行為具有以下重要特徵：

1. 與國家統治之根本有直接關係之最高度政治性國家行為。
2. 與主權國存在之基礎有極為重大關係。
3. 雖因具有高度政治性不適合為司法審查之對象，但仍存有法律判斷之可能，即仍可受司法審查。

三、統治行為概念之發展

「統治行為」至今尚未有確定之見解，用語也未統一，各國發展情形亦有所差異❹：

（一）法　國

稱為「政府行為」(*Acte de Gouvernement*)，係指國會與政府間之行為、有關戰爭或公安之緊急措施、元首之解散國會、提交公民投票、赦免、政府外交措施或國際條約之解釋及執行等。對於這些行為行政法院並無權予以審查。

（二）德　國

稱為「不受司法管轄之高權行為」(*Gerichtsfreie Hoheitsakte*)，又稱「政府行為」(*Regierungsakte*)，在德國傳統學理上將行政權區分為「行政」與「政府」兩部份，而「政府行為」乃是一種政治行為或政治上之裁量行為，其與一般行政裁量行為有別，不宜受到司法審查。其公認之特徵為此等行

---

❹ 參見：李建良，〈政治問題與司法審查〉，《憲法解釋之理論與實務》，1998 年 6 月，第 165-169 頁。

為之政治內容，若由憲法法院或行政法院加以監督，除不能有所釐清外，反而將造成混淆。例如：國會的單純議決、內閣總理之選任、國際條約之締結、外國政府的承認、聯邦政府之政治意見發表等行為。

「政府行為」是否應受司法之審查？德國聯邦憲法法院之見解認為，基本上政治權力仍應受法之拘束，此乃法治國家之基本要求。惟在憲法規定內有一「政治形成之領域」，在此領域內司法權應減少對政治形成之干擾，此非縮小或抹煞司法權限，而是尊重其他機關在憲法保障範圍內得有政治自由之形成空間。

但德國學者 E.Forsthoff 教授認為，政府行為不受司法審查之正當性基礎，不能單純由該行為具有政治性質出發，應由司法的本質出發較妥。因為國家之任何行為或多或少都帶有政治性質，若依此否定法院審查的可能性，將導致司法救濟功能受到不當的縮減。其之所以不受司法審查之正當性基礎，乃是因法院並不負政治責任，故不宜對國家整體秩序作出政治決策。

四、統治行為在我國實務上發展之情況

是否承認統治行為，以及司法權可否介入審查，我國對此問題則視司法院大法官之態度而定。例如：司法院釋字第 328 號解釋中對於固有疆域範圍之界定，大法官認為：國家領土之範圍如何界定，純屬政治問題，其界定之行為，學理上稱之為統治行為，依權力分立之憲政原則，不受司法審查。

爾後，吳庚大法官針對司法院釋字第 387 號解釋提出不同意見書，認為行政院院長應在國會改選後第一次集會前向總統提出辭職，此屬典型「政治問題」，不應由大法官予以解釋。

司法院釋字第 419 號解釋針對「副總統得否兼任行政院院長」及「行

政院院長於新任總統就職時，應否提出總辭」等憲法爭議予以解釋，該號解釋理由書中援引「統治行為」、「政府行為」及「政治問題」等概念，並分別作出「應予審查」或「不予審查」之認定。

貳、行政之分類

一、依行政之任務或目的區分

㈠干涉行政（秩序、侵害、官方行政）

所謂「干涉行政」(*Eingriffsverwaltung*)，係指行政主體以強制或命令之手段，對於人民之權利、義務予以限制或課予負擔之行為。其目的在於：1.維持社會公共安全與公共秩序； 2.滿足國家財政上之需要。是以其主要之行政類型為：

1.秩序行政 (*Ordernungsverwaltung*)：又稱「危害防止行政」，即為確保公共秩序、公共安全，於有危害之情況時，所採取的處置。如：徵召役男、規範營業行為、傳染病防治等；

2.課稅行政 (*Abgabenverwaltung*)：係指以公權力強制課徵租稅及其他由人民負擔之金錢給付，用以取得國家所必須之財政收入。如租稅、規費、工程受益費等。惟須注意的是，現行法制中非供應國家一般財政需要之「特別公課」，有日趨增加之趨勢，如「差額補助費」、「就業安定費」等。

3.導控行政 (*Lenkungsverwaltung*)：行政機關透過直接或間接指導、規劃及管制方法，實踐特定行政政策目標。

㈡給付行政（服務行政）

所謂「給付行政」(*Leistungsverwaltung*)，係指行政機關藉由提供一定給付的行為，來改善人民在社會生活中的生存環境與條件者。故給付行政之重點為「保障」(*Gewährung*) 與「生存照顧」(*Daseinsvorsorge*)。

質言之，「給付行政」之目標係為了普遍地改善社會成員精神或物質生活的素質，其內容則以提供金錢、物資或服務等非權力性的授益行為為主，是就人民對其利益與福祉之追求，予以直接之資助、協力、或促其實現的行政類型。另外，行政機關在從事給付行政行為時，可以自由選擇以公法或私法形式的行為來提供人民給付，此亦是一項特色。其形態尚可區分為：

1. 供給行政：又稱「照料行政」、「基本設施行政」，係指提供人民生活上所必需之事物，例如：水、電、瓦斯、道路、交通工具等。

2. 社會行政：又稱「社會保障行政」，係指為謀求人民最低的生存條件之保障，所為之給付。亦即指社會安全制度保障之行政，大致可分為：社會保險、社會補償及社會救助等。

3. 促進行政：又稱「助長行政」、「補助行政」、「激勵行政」，係指行政主體為促進人民個別生活領域結構上之改善，直接或經由第三者，所給與人民具有財產利益之援助措施，例如：經濟補助、減免租稅、優惠貸款、實物補貼、提供獎學金、職業訓練等。

㈢計畫行政 (*Plannunsverwaltung*)

指行政機關為達成行政上之預定目標，針對特定事物領域，預先為一定之規劃，逐步完成計畫內容。計畫行政並非解決或執行特定具體個案，而是對未來行政措施可能產生之衝突，預先決定並提供共通條件。常見之類型如：1.財政計畫。2.都市建築計畫。3.環境計畫❺。4.國土開發計畫。若以計畫拘束力作為區別標準，由強至弱略可區分為：拘束性計畫、方針性計畫、資訊性計畫。

㈣保護行政 (*Bewahrende Verwaltung*)

又稱「保育行政」，係指對於現代社會生活中核心的生活法益，如環

---

❺ 參見：林明鏘，〈論環境規劃法制〉，《國土計畫法學研究》，2006 年 11 月，頁 163 以下。

境、文化、資源等，由行政主體提供預防性及管制性的保護。常見之類型有：1.環境保護行政：如對空氣、水質、噪音及廢棄物污染之管制；2.文化保護行政：如對古蹟之維護及保存；。3.資源保護行政：如對野生動物、森林、水源及山坡地之保育；4.消費者保護行政。

㈤需求行政 (*Bedarfsverwaltung*)

又稱「公需行政」、「行政輔助（行為）」，係指行政機關為滿足執行日常行政事務所不可或缺之人員或物資之需要，而從事之私經濟活動，亦即「滿足需求行為」。如聘僱雇員、行政所需之文具購買、辦公大樓之興建或修繕、警用與軍需品採購等行為。

㈥經營行政 (*Betriebverwaltung*)

又稱「行政營利（行為）」，係指國家以增加國庫收入為主要目的，或為推行特定經濟或社會政策，而以企業主的姿態所從事營利性質之企業活動。其通常以成立私法組織或本身分出獨立事業單位的方式，來從事營利活動。如中油、中鋼、中船、台鐵、台糖等。

● 二、依行政行為之法律形式區分

㈠公權力行政（高權行政）──公法形式之行政行為

1.公權力行政

「公權力行政」(*Öffentliche Verwaltung*) 又稱「高權行政」(*Hoheitliche Verwautung*)，係指國家居於統治主體適用公法規定施行各種行政行為。公權力行政之範圍甚為廣泛，凡在國家與人民間，或地方自治團體與人民間之權利義務事項均屬之。其常採取之方式為：1.課予負擔之行政處分；2.以事實行為強制施行；3.訂定行政命令（一般抽象地規定人民權利義務）。

2.單純高權行政（公法形式之給付行政）

乃指行政主體放棄權力性手段，改由提供給付服務、救濟照顧等方式，

<u>增進公共利益達成國家任務的行為</u>。此種行政其運作雖然仍適用公法之規定，但並非如命令、行政處分或其他強制手段直接對人民發生拘束力，而僅是產生個人相互間私法關係之效果，甚至完全不發生任何外部法律效果之各種行政作用，如行政機關提供相關資訊、指導、訂立行政契約或設置營造物等。

㈡私經濟行政（國庫行政）──私法形式之行政行為

「私經濟行政」(*Privatwirtschaftsverwaltung*)，又稱「國庫行政」(*Fiskalische Verwaltung*)，係指國家非居於公權力主體地位行使其統治權，而係處於與私人相當之法律地位，並在私法支配下所為之各種行為。

一般學理上分為下列三種類型：

1.行政輔助

學理上又稱「需求滿足行為」、「需求行政」，係指行政機關為滿足執行日常行政事務所不可或缺之人員或物資之需要，而與私人訂立私法契約之行為。如聘僱雇員、行政所需之文具購買、辦公大樓之興建或修繕、警用與軍需品採購等行為。

2.行政營利

國家以增加國庫收入為主要目的，或為時推行特定經濟或社會政策，而以企業主的姿態所從事營利性質之企業活動。其通常以成立私法組織或本身分出獨立事業單位的方式，來從事營利活動。亦即，國家從事企業活動，有直接與間接兩種方式：

⑴直接方式：國家（或行政主體）直接經由其內部不具獨立法律主體資格之機關或單位所從事之企業營利行為。如成立菸酒公賣局、政府發行公益彩券、監理站標售車牌等。

⑵間接方式：國家依特別法或公司法之規定，投資設立具有獨立法律主體資格之公司而從事之企業營利行為。如中油、中鋼、中船、台鐵、台

糖、台肥、公營電臺出售廣告時段等。

公權力透過企業從事營利行為，除有挹注公庫之目的外，尚有其他政策目的，例如：平抑物價、防止壟斷及推動經濟措施等目的。

3. 行政私法

「行政私法」(*Verwaltungsprivatrecht*)，又稱為「私法形式之給付行政」，係指行政機關以私法形式之行為，來直接實現給付行政目的或任務。此行為雖名為私法，但仍須受相關之公法拘束，尤其受憲法基本權利規定之拘束。

行政私法行為乃行政機關為達成給付行政之目的，所採取之私法性質給付行為。行政私法行為從形式上觀察固屬私法行為，但是就實質內容來觀察，卻仍屬公權力行使之公法行為。是以，其不能完全只受私法自治原則之拘束，仍應受相關公法規範的補充、修正與限制。尤其須注意者，一般學者多認為行政私法行為仍須受憲法基本權利規定之拘束，此即著名之「基本權利對國庫效力理論」。

理論上，公行政在給付行政領域中可以自由決定，以公法或私法方式進行給付，稱之為「選擇自由」。選擇自由包括：組織形式及給付方式之選擇，原則上二者並無互斥性，惟須注意者，以私法組織形式執行欲以公權力方式執行任務，此時私法組織須被授予公權力，基於公權力受託人地位，在被授權範圍內行使公權力。

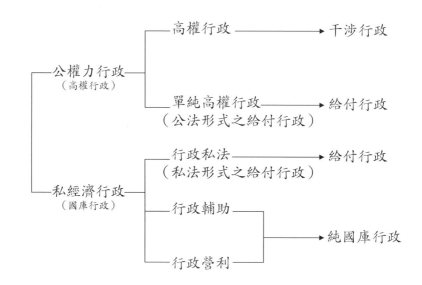

參、公法與私法之區別

一、公法與私法必須區別之理由

公私法要截然劃分固有其困難，但仍有其必要性。從不同視角出發，歸納理由如下： 1.私法領域適用私法自治、契約自由原則，在該領域中，國家公權力不宜任意介入；是以嚴格區分公私法，可間接限制國家公權力任意擴張至私法領域。 2.現今國家行政權有日趨擴大之趨勢，因此其介入私經濟領域亦愈深，對私權之限制也愈多。是以公私法之區分，可適度緩和前述國家與人民間之緊張關係，並有助釐清界限。 3.公私法之區分可避免公權力行為「遁入私法」(*Flucht in das Privatrech*)，規避公法的責任以及脫免公法原則之拘束。

二、公法與私法之區別實益

公私法之區別早期認為乃理所當然。惟20世紀以降，有第三法域（社

會法、勞工法）產生，欲將其完全歸入公法或私法皆有困難，而傳統之公司法、商事法中亦有公私法混雜之現象。是以，除個別條文之區別外，在現行法之適用上亦有必要區別，而最重要之區別實益在於：

(一)法律救濟途徑不同

我國司法實務採取司法裁判管轄二元主義，認為除有特別規定外，事件若涉及公法性質之爭議，應循行政爭訟途徑救濟，亦即依訴願、行政訴訟程序救濟。事件若涉及私法性質之爭議，則應由普通法院管轄，依民事訴訟程序救濟。

(二)損害賠償法制不同

現行法區分國家賠償與民事賠償。如事件具公法性質，且於公務員執行職務行使公權力侵害人民權利時，應依國家賠償法，負國家賠償之責。若事件為私法性質，侵害人民權利時，則應依民法負侵權行為之損害賠償責任。

(三)是否適用基本權利保障不同

憲法基本權利具有防禦權性質，其保障可適用於所有的公法法律關係中，以資保障人民排除國家公權力的不法侵害。而基本權利保障是否可以適用於私人間之私法法律關係（產生基本權之第三人效力），或私經濟行政領域（產生基本權之國庫效力），則學者間猶有爭議。

● 三、公法與私法之區別標準

(一)利益說 (*Interessentheorie*)

此說以法之內容作為判斷標準，內容屬公益者為公法；內容屬私益者為私法。雖然標準清楚，但操作上實有困難，因為：1.公益與私益難以明確劃分，尤其公益之概念無法明確界定；2.公益與私益並非絕對對立之概念，私法秩序之維護亦是在維護公共利益，具有公益性；相反地，公法秩

序亦相對在保障私人利益。

⑵從屬說 (*Subordinationstheorie*)

從屬說又稱權力說、服從說、上下關係說，該說區別公私法之標準係以當事人間之法律關係為斷。公法所規範當事人間之法律關係，存在上對下之服從關係，即一方須服從他方者；私法所規範當事人間之法律關係，存在對等的權利義務關係，即雙方立於平等地位者。此說未能成為通說見解，主要是因為有以下缺點：1.理論上公權力之根源在於人民，並非是人民服從於公權力團體；2.私法中亦有權力服從關係，如民法中之親屬關係、監護關係。公法中亦有權利義務關係，如行政契約。3.無法說明行政事實行為及特定公法上的請求權。

⑶主體說 (*Subjektstheorie*)

主體說，係以法律關係之主體歸屬為區別標準，法律關係當事人之一是國家或其他公權力團體者為公法；法律關係當事人僅為私人，並無國家或其他公權力團體者為私法。此說缺失在於，國家亦可能立於私人地位，從事私經濟活動，此時將之解釋成公法關係並無必要。

⑷新主體說 (*neuere Subjektstheorie*)

新主體說乃是修正主體說見解，仍主張以法律關係之主體歸屬為區別標準，但認為公法係指規範國家或其他公權力團體間之關係，故公法係提供國家或公權力團體使用之「特別法規」(*Sonderrecht*)；私法是規範每個私人間之關係，故私法是任何人皆可適用之法規，亦可稱為每個人之法 (*Jedenmannsrecht*)。

雖然新主體說儼然成為學界之主流意見，但仍非毫無缺點，例如民法上拋棄土地之先占權僅屬國家，並非所有人皆有，故按此說之標準應理解為公法，但此種說法卻與實際不符❻。

❻ 參見：吳庚，〈行政事件與民事事件之劃分——評最高法院八十二年台上字第五

肆、行政法與其他法律關係

一、行政法與憲法

憲法作為國家根本大法，揭示諸多原則，作為行政法遵循與落實之標準；相反地，憲法規定具有高度抽象性，必須仰賴個別行政法加以具體化，始能達成規範意旨。

憲法與行政法二者無論在理論或實務已呈現整合之趨勢，例如：行政執行法、訴願法、行政訴訟法、行政程序法、行政罰法等，在制定過程中都必須回應憲法從程序上對人民基本權利保障之內涵。

二、行政法與民法

民法係人類社會發展最早之法律，其中蘊含甚多法律基本原則，且各種規定更為完整。相對於民法，行政法遲至 18 世紀才開始發展，故在完整性上與民事法規範相較，則略顯遜色。由於行政法規範完整性較民法低，須進一步探討的問題是，民事法規範可否直接作為規範公法事項之規定？或公法事項得否類推適用民法規定，以規範公法事項？對此問題，早期採否定見解，理由是公私法二元對立無互通或互補之功能。現多採肯定見解，只是究竟是採取直接適用或類推適用則略有爭議。本文以為，民法規定於行政法無明文規定時，於性質相同範圍內，基於相同事情相同處理之要求，類推適用於行政法❼。

一七號判決〉，《月旦法學雜誌》，第 1 期，1995 年 5 月，頁 73。另參見，李建良，〈公法與私法的區別（上）（下）〉，《月旦法學教室》，第 5 期，2003 年 3 月，頁 41–49；第 6 期，2003 年 4 月，頁 47–55。

❼ 同見解參見李惠宗，《行政法要義》，第 6 版，2012 年 9 月，第 16 頁。

由於行政法類推民法情況繁多，本文試以時效問題，作為說明。例如：於行政程序法施行前，所發生公行政對人民之公法上請求權，應該如何處理？最高行政法院向來都認為應類推適用民法關於時效期間之規定，惟類推適用民法時效規定後又發生另一個問題，時效完成之法律效果究應為權利當然消滅或僅發生義務人得為拒絕給付之抗辯?對此最高行政法院 95 年度 8 月份庭長法官聯席會決議:「行政程序法施行前，關於公法上請求權之時效相關問題，因法律並無明文，固得類推適用民法相關規定；惟類推適用，應就性質相類似者為之；而基於國家享有公權力，對人民居於優越地位之公法特性，為求公法法律關係之安定，及臻於明確起見，公行政對人民之公法上請求權因時效完成者，其公權力本身應消滅。至於司法院釋字第 474 號解釋亦僅闡明時效中斷及不完成，於相關法律未有規定前，應類推適用民法規定，而不及於時效完成之法律效果；故關於公法上請求權之消滅時效，不宜類推適用民法第 144 條關於抗辯權之規定。」

三、行政法與刑法

刑法首重「罪刑法定主義」，從其發展歷程觀察，刑事法作為公權力發動制裁之重要依據，故必須遵守嚴格法律保留要求，亦即無法律即無刑罰。傳統上，刑法與行政法二者最大交會處在於秩序行政領域，只是發展至今有各自獨立但卻無法清楚切割之情況，例如行政罰之規範體系與行政刑法。

另一個觀察面向是，行政法與刑法制裁發生競合時之處理方式？亦即，行為人之行為同時觸犯行政法規範與刑事法規範，國家對此行為同時可以透過行政制裁及刑事制裁予以處斷時，依據行政罰法第 26 條第 1 項規定，採取刑事法優先原則。

第二節　行政法之法律關係

壹、行政法律關係

一、行政法律關係之概念

所謂的法律關係，係指兩個或數個法主體間，受到一個或多個法規範所形成的關係[8]。而行政法律關係，係指兩個或數個法律主體，基於行政法規之規定，就具體的行政事件所發生之法律連結關係。

法律關係理論強調行政不再係高權主體，人民也不再係權力關係從屬客體，毋寧係法規範結構下行政法律關係之法主體，擁有一定法律地位，承受權利與義務，據以形成法律關係[9]。行政法律關係至少須具有如下之構成要件：

1. 必須是行政法領域的事務，例如基於公共事務、行政任務的履行所發生之情況。
2. 兩個權利主體間之連結關係。
3. 必須是法律關係產生的「權利與義務」，而非「權力關係」或「非法律關係」。

二、行政法律關係之變動

(一)行政法律關係之成立

1.法規規定

以法規範建構之法律關係，當事人無須為特定之行為，即直接發生法律效果。如傳染病防治法第 39 條第 1 項：「醫師診治病人或醫師、法醫師

---

[8] Norbert Achterberg, Die Rechtsordnung als Rechtsverhältnisordnung, 1982, S. 31.

[9] Joachim Martens, Der Bürger als Verwaltungsuntertan? In: KritV 1986, S. 104 (121).

檢驗、解剖屍體，發現傳染病或疑似傳染病時，應立即採行必要之感染控制措施，並報告當地主管機關。」

2. 行政處分

行政程序法第 92 條：「本法所稱行政處分，係指行政機關就公法上具體事件所為之決定或其他公權力措施而對外直接發生法律效果之單方行政行為。」依本條可知，行政處分為行政機關依法所為高權性質之行為，具有法律拘束之決定或措施，而對外直接發生法律效果，使權利義務發生得、喪、變更。

行政處分於行政作用中屬最常見之一種，過去實務上亦僅允許人民對不服之行政處分提起訴願或行政訴訟，如不服之行政作用非屬行政處分者，不得提起救濟。而現行行政訴訟法已明文規定，公法上之爭議，除法律另有規定外，可依本法提行政救濟，已非僅針對行政處分。

3. 行政契約

行政程序法第 135 條：「公法上法律關係得以契約設定、變更或消滅之。但依其性質或法規規定不得締約者，不在此限。」因此行政契約即依當事人間之意思表示合意，以契約設定、變更或消滅公法上法律關係。

行政契約與行政處分比較下，行政處分係屬行政機關單方做成，具高權性質，處分當事人對於處分內容不得異議。相較於行政處分，行政契約當事人對於契約內容有參與決定之權力，且必須雙方意思表示相互一致始成立。

4. 事實行為而發生

行政法律關係不限於具有法效性之法律行為，亦包括事實行為。如人民進入地方政府所設立的公共設施（例如圖書館、公園、停車場），而成立公物的利用關係。

5. 依人民之行為而發生

　　人民之行為可能為事實行為亦可能為法律行為，基本上人民一旦與行政機關有所接觸，在某種程度上就足以構成行政法律關係。最常見屬申請案件，人民向行政機關申請做成行政處分，而在行政處分開始前，即因行政程序開始而生一定之行政法律關係❿。

㈡行政法律關係之消滅

1.履　行

　　行政法律關係以一次給付為內容者，當事人履行義務內容後法律關係消滅；以重複之給付為內容者，履行之效力亦可透過抵銷或代物清償等替代方式為之⓫。例如繳納綜合所得稅稅金後，義務因履行而消滅。

2.免除或拋棄

　　法律明文規定得拋棄或免除者，得經拋棄或免除後，權利全部或一部消滅；反之，如法律明文禁止拋棄或免除者，原則上不得拋棄其權利。人民行使公權力時，如與義務有關時，通常並無處分權，例如國民教育權、服兵役之義務。最高行政法院49年判字第84號判例表示：「憲法中關於人民之義務，固僅列舉依法納稅、服兵役及受國民教育三項，但並未規定除此三者以外人民即不應服法律上規定之其他義務，更未規定不得以法律使人民服義務勞動。」

3.法律基礎消失

　　形成權利義務關係必須有法律規範上之基礎，一旦基礎消失，法律關係亦隨之消滅。例如法律廢止、處分撤銷、行政契約解除等。最高行政法院101年判字第279號判決稱：「按所謂公法上不當得利，係指在公法範疇內，欠缺法律上原因而發生財產變動，致一方得利，他方受損害之謂；並

---

❿　參見：李建良，〈行政法第六講：行政法律關係序說〉，《月旦法學教室》，第30期，2005年4月，第49頁。

⓫　參見：陳敏，《行政法總論》，第8版，2013年9月，第284頁。

基於依法行政原則，不合法之財產變動均應回復至合法狀態，而使受損害者享有公法上之不當得利返還請求權。公法上不當得利返還請求權之發生，應具備財產變動、公法範疇及欠缺法律上原因之要件。次按公法上稅捐債務，性質為財產法上之債務，係以金錢給付為內容，並無一身專屬性，除得由納稅義務人履行（繳納）外，非不得由納稅義務人以外之第三者代為履行（繳納）而消滅之。」

4.事實基礎消失

因法律關係主體死亡或解散，則其具一身專屬性之法律關係亦隨之消滅，如主管機關欲拆除違章建築時，巧遇地震或火災，導致法律關係消滅。最高行政法院 94 年判字第 1052 號判決：「受裁判者家屬申領補償條例規定之補償金，乃補償條例直接所賦予，其權利專屬於受裁判者家屬本身，故如受裁判者於申請程序中死亡，僅生受裁判者家屬得申請給付補償金權利，並不發生遺產繼承問題。」

5.時效完成

行政程序法第 131 條第 1 項規定：「公法上之請求權，於請求權人為行政機關時，除法律另有規定外，因 5 年間不行使而消滅；於請求權人為人民時，除法律另有規定外，因 10 年間不行使而消滅。」第 2 項則規定：「公法上請求權，因時效完成而當然消滅」。第 3 項則規定：「前項時效，因行政機關為實現該權利所作成之行政處分而中斷」。因此，依照第 131 條之規定，公法上之請求權，因時效完成而無法再行使，導致法律關係之終結。

三、行政法律關係之內容

(一)公法上權利

1.公法上權利之概念

公法上權利又稱為「主觀公權利」，係指個人可藉公法規定，而被賦予

法律上力量 (*Rechtsmacht*)，藉此個人可為自身利益，要求國家為一特定行為 ❷。權利必須由權利主體才能享有，而在行政法法律關係中，擁有權利者原則上僅有人民。

2. 公法上權利之功能

主要賦予人民法律上力量，作為防禦國家行為對人民自身權利的侵害。當人民取得公法上權利時，非僅係單純地淪為國家行政下之客體，反而可享有主動力量去積極參與公共事務，而成為國家行政之主體。例如：參與聽證程序。人民依據相關公法法規範，享有公法上權利後，始得向國家有所請求。主觀公權利在訴訟法上具有「過濾功能 ❸」之作用，可避免「民眾訴訟」（私法訴訟）的產生。

3. 公法上權利之適用判斷

⑴法律規定人民擁有權利

法律規定明確，人民得直接請求行政機關為特定之作為。

⑵法律僅規定行政機關之義務，為裁量收縮至零或羈束行政

法律有時僅規定行政機關之義務，卻未規定何人得以向行政機關請求履行義務之行為。此時，行政機關是否作為，須視行政機關的裁量權限而定。但若法律規定之法律效果僅有一種，當要件該當之時，行政機關就承擔須為特定行為的義務。若因特定情況下發生裁量收縮至零或羈束行政，則可以推論出相對人擁有特定的公法上權利之請求權，即特定之人民擁有請求權。例如：有明確情資顯示，某團體具有暴力性質，欲對在和平靜坐的群眾發動攻擊，涉及重大法益之危害時，警察機關必須調撥警力保護，警察機關於此之際並無作成其他決定之可能，學理上將此稱為裁量收縮至零。

---

❷ Vgl. H. Maurer, Allgemeines Verwaltungsrecht, 18. Aufl. 2011,§8 Rn. 2.

❸ BVerwG, Urt. v. 28.2.1997, BVerwGE 104, 115 (118).

⑶法律僅規定行政機關之義務，而裁量尚未收縮至零：適用保護規範理論

保護規範理論，即從「客觀」之解釋方法為出發，透過客觀法律意旨之探求，找尋出法律上客觀之意旨。我國實務於司法院釋字第 469 號解釋中，提到保護規範理論。司法院釋字第 469 號解釋理由書稱：「惟法律之種類繁多，其規範之目的亦各有不同，有僅屬賦予主管機關推行公共事務之權限者，亦有賦予主管機關作為或不作為之裁量權限者，對於上述各類法律之規定，該管機關之公務員縱有怠於執行職務之行為，或尚難認為人民之權利因而遭受直接之損害，或性質上仍屬適當與否之行政裁量問題，既未達違法之程度，亦無在個別事件中因各種情況之考量，例如：斟酌人民權益所受侵害之危險迫切程度、公務員對於損害之發生是否可得預見、侵害之防止是否須仰賴公權力之行使始可達成目的而非個人之努力可能避免等因素，已致無可裁量之情事者，自無成立國家賠償之餘地。倘法律規範之目的係為保障人民生命、身體及財產等法益，且對主管機關應執行職務行使公權力之事項規定明確，該管機關公務員依此規定對可得特定之人負有作為義務已無不作為之裁量空間，猶因故意或過失怠於執行職務或拒不為職務上應為之行為，致特定人之自由或權利遭受損害，被害人自得向國家請求損害賠償。至前開法律規範保障目的之探求，應就具體個案而定，如法律明確規定特定人得享有權利，或對符合法定條件而可得特定之人，授予向行政主體或國家機關為一定作為之請求權者，其規範目的在於保障個人權益，固無疑義；如法律雖係為公共利益或一般國民福祉而設之規定，但就法律之整體結構、適用對象、所欲產生之規範效果及社會發展因素等綜合判斷，可得知亦有保障特定人之意旨時，則個人主張其權益因公務員怠於執行職務而受損害者，即應許其依法請求救濟。」

綜上所述，人民欲適用「保護規範理論」，必須該當下列要件，1.公法

規範賦予行政機關一定的行為義務或職務義務。2.不僅以實現公益為目的，同時具有保護特定的個人利益之目的。 3.當事人須為該保護規範所及。

(二)非屬主觀公權利者──反射利益

「反射利益」係指人民因行政機關履行行政義務或因相關法律規定而獲得間接的事實上利益。簡言之，特定行政法規範之立法目的如僅在於達成公共利益，縱使個別人民因該當法規範之執行獲得利益，此利益亦屬間接之「反射利益」而非「主觀公權利」。例如：政府賑災救濟、公用道路之利用通行。

最高行政法院歷來見解均認為，若非法律上利益，而僅係單純政治、經濟、感情上等反射利益受損害，則不許提起訴願或行政訴訟❶❹。職是，人民不得以反射利益受有損害，提起救濟或請求損害賠償。

(三)行政法上義務與責任之繼受

1.概　念

義務與責任之繼受，係指法律關係之主體發生變更。當法律規定某主體負有責任，而某主體因死亡、解散、清算等等原因，導致其人格不再存續，新成立或存續之主體是否應當承擔原主體之責任與義務的問題。

2.義務之繼受

若該義務未經行政處分之具體化，而僅係抽象存在於法規規範內容中者，則稱「抽象義務」❶❺；反之，義務內容若經行政處分予以具體化者，一般稱為「具體義務」。

(1)抽象義務之繼受可能性

抽象義務因尚未透過行政行為具體化，是否有繼受能力，容有相當高

❶❹ 參見最高行政法院 75 年判字第 362 號判例。

❶❺ 參見：李建良，〈行政法上義務繼受問題初探〉，收錄於李建良、劉淑範主編，《2005 行政管制與行政爭訟》，2006 年 12 月，第 82 頁。

度之爭執。有論者認為構成要件既然已經該當，基於危險防禦 (*Gefahrenabwehr*)❶、排除侵害之目的，當然得生可繼受之情事❶；通說認為義務之繼受以「具有可繼受能力之權利與義務」為前提❶。此種權利或義務通常是「具體的」公法法律關係，特別是以特定的作為、不作為或容忍為內容的具體權利或義務。除非立法者基於特殊需要，以法律特別規定，使抽象行為義務亦得為繼受的標的，是以，其義務仍須待行政機關以行政處分予以具體化，始足作為權利或義務繼受的標的。

(2)具體義務之繼受可能性

①發生繼受之情事

因當事人之死亡、公司之法人格消滅（例如吸收合併、新設合併）或營業之概括承受等情況時，即有繼受可能。若無發生類似情況，即無繼受之可能❶。

②具體義務無一身專屬性（或稱高度屬人性）

實務上判斷義務是否具一身專屬性，具有相當難度，應就系爭義務之內容作個別之認定❷。原則上若系爭義務與義務人之個人具有聯結性，以致於當義務人轉換時，即無法再達成原本的法律目的時，即是高度屬人性義務。例如：受國民教育、服兵役之義務。

③有繼受之法律明文規定

行政法上義務具有可繼受性，並不足以立即發生義務繼受之結果，法律地位仍須有法律上依據加以強化，稱之「繼受之構成要件」❷

---

❶ 係指目的在防止危險之發生或排除違法狀態、督促未來義務履行之秩序行政。

❶ Vgl. Franz-Joseph Peine , Die Rechtsnachfolge imöffentlichen Rechte und Pflichten, JuS 1997, Heft 11, 987.

❶ Vgl. Diana Zacharias, Die Rechtsnachfolge imöffentlichen Recht, JA 2001, 720(722).

❶ Vgl. Wolff/Bachof/Stober, Verwaltungsrecht I, 11 ,§43 Rdnr. 85.

❷ Vgl. Drews/Wacke/Vogel/Martens, Gefahrenabwehr, 9. Aufl., 1986, S. 299.

(*Nachfolgetatbestand*)。依據嚴格之見解，認為義務繼受限制人民權利之行使，僅有形式法律之明文規定，始有允許之可能性❷。多數論者認為，只要有相關法律依據可類推適用，即符合法律保留原則規定，不以公法規定為限，尚包含得類推適用私法之相關規定❷。亦有認為，民法中關於權利或義務繼受之規定，屬共通法 (*Gemeinrecht*)，得以直接適用❷。我國行政法院實務則認為：「民法第 1148 條規定，凡被繼承人所負之義務，不論係私法上之義務或公法上之義務，除被繼承人一身專屬者外，均得為繼承之標的。」

3. 責任之繼受

「責任」(*Verantwortlichkeit*) 係指國家將透過法律，使人民承擔相當的不利益之概念。責任是行政主管機關採取任何管制或危險排除措施時不可或缺之考量要素，目的在建構行政機關採取管制措施或危險排除措施之正當性基礎❷。責任區分為二種：

(1)行為責任

行為人因其行為導致法律秩序遭受破壞，則該行為人便應該負擔行為責任。

---

❷ Vgl. Diana Zacharias, Die Rechtsnachfolge imÖffentlichen Recht, JA 2001, 720(725).; Johannes Dietlein, Nachfolge imöffentlichen Recht, 1999, S. 125 ff; Martin Nolte/Marian Niestedt, Grundfälle zur Rechtsnachfolge imÖffentlichen Recht, JuS 2000, Heft 11, 1071 ff.

❷ Vgl. Franz-Joseph Peine, Die Rechtsnachfolge inöffentlichen-rechtliche Rechte und Pflichten, DVBl, 1980, 941(947).

❷ Vgl. Diana Zacharias, Die Rechtsnachfolge imÖffentlichen Recht, JA 2001, 720(726).

❷ Vgl. Markus Rau, Die Rechtsnachfolge in Polizei-und Ordnungspflichten, Jura 2000, 37(39).

❷ Vgl. Johannes Dietlein, Nachfolge imöffentlichen Recht, 1999, S. 94.

(2)狀態責任

物之所有人、持有人、占有人對於其物之實際管理關係，後因該物發生危險，其管理關係負有狀態責任。

*基本上，責任並無繼受之問題，責任是正當化法律規定的原因。*立法者基於防止危險之發生或排除違法狀態，透過法律規定人民，應當承擔何種責任，而該責任並無繼受之可能。尤其是行為責任，法律是課予人民應作為或不作為之責任，是抽象、是普遍的，並不發生繼受的問題。至於狀態責任，係指承接該危險物之後手負有責任，亦即後手持有該危險物，法律持續的要求物之所有人或占有人負擔這樣的不利益，是基於所有權人或占有權人之原因，而非透過繼受，並無繼受之情事。

4.我國重要實務之見解

(1)背景事實：

緣彰化縣稅捐稽徵處認原告違反土地稅法第 55 條之 2（業於 89 年 1 月 26 日公布刪除）等規定，裁處罰鍰新臺幣 260 餘萬元。原告不服，於逾訴願期間始提起訴願、再訴願，均遭程序駁回。提起行政訴訟後，於 89 年間訴訟繫屬中死亡，臺中高等行政法院以 89 年度訴字第 201 號裁定不合法駁回。原告之繼承人聲明承受訴訟並提起抗告，亦經最高行政法院以 91 年度裁字第 230 號裁定不合法駁回。原處分機關於案件確定後即移送強制執行，繼承人先後向原處分機關及財政部陳請免對繼承人執行，均未獲准。案經監察院調查，就行政罰鍰裁處確定後，未執行完成前，受處分人死亡，是否仍得依行政執行法第 15 條規定對其遺產強制執行等問題，認行政罰鍰之處分確定後仍具一身專屬性，不得依行政執行法第 15 條規定對受處分人之遺產強制執行，亦不得對繼承人之固有財產為執行，財政部認上開土地增值稅違章罰鍰案件不應免予執行，嚴重侵害人民之權益，核有違失，於 92 年間對行政院提出糾正案。嗣行政院三度就監察院函表示：行政罰鍰雖

具一身專屬性,然仍得依行政執行法第 15 條規定對受處分人之遺產強制執行,惟不得對繼承人之固有財產為執行,上開案件不免予執行並無違誤。監察院爰就其職權上適用行政執行法第 15 條規定所持見解,與行政院適用同一規定所表示之見解有異,依司法院大法官審理案件法第 7 條第 1 項第 1 款規定聲請統一解釋❷❻。

(2)司法院釋字第 621 號解釋理由書❷❼:

行政罰鍰係人民違反行政法上義務,經行政機關課予給付一定金錢之行政處分。行政罰鍰之科處,係對受處分人之違規行為加以處罰,若處分作成前,違規行為人死亡者,受處分之主體已不存在,喪失其負擔罰鍰義務之能力,且對已死亡者再作懲罰性處分,已無實質意義,自不應再行科處。本院院字第 1924 號解釋:「匿報契價之責任,既屬於死亡之甲,除甲之繼承人仍應照章補稅外,自不應再行處罰。」即係闡明此旨。

罰鍰處分後,義務人未繳納前死亡者,其罰鍰繳納義務具有一身專屬性,至是否得對遺產執行,於法律有特別規定者,從其規定。蓋國家以公權力對於人民違反行政法規範義務者科處罰鍰,其處罰事由必然與公共事務有關。而處罰事由之公共事務性,使罰鍰本質上不再僅限於報應或矯正違規人民個人之行為,而同時兼具制裁違規行為對國家機能、行政效益及社會大眾所造成不利益之結果,以建立法治秩序與促進公共利益。行為人受行政罰鍰之處分後,於執行前死亡者,究應優先考量罰鍰報應或矯正違規人民個人行為之本質,而認罰鍰之警惕作用已喪失,故不應執行;或應優先考量罰鍰制裁違規行為外部結果之本質,而認罰鍰用以建立法治秩序與促進公共利益之作用,不因義務人死亡而喪失,故應繼續執行,立法者就以上二種考量,有其形成之空間。

---

❷❻ 引自司法院釋字第 621 號解釋之事實背景。

❷❼ 不同之意見參閱司法院釋字第 621 號解釋,廖義男大法官不同意見書。

　　行政執行法第 2 條規定：「本法所稱行政執行，指公法上金錢給付義務、行為或不行為義務之強制執行及即時強制。」第 15 條規定：「義務人死亡遺有財產者，行政執行處得逕對其遺產強制執行。」行政執行法施行細則基於該法第 43 條之授權，於第 2 條規定：「本法第 2 條所稱公法上金錢給付義務如下：一、稅款、滯納金、滯報費、利息、滯報金、怠報金及短估金。二、罰鍰及怠金。三、代履行費用。四、其他公法上應給付金錢之義務。」明定罰鍰為公法上金錢給付義務之一種，並未違背法律授權之意旨。揆諸公法上金錢給付之能否實現，攸關行政目的之貫徹與迅速執行。是義務人死亡遺有財產者，行政執行處得逕對其遺產強制執行，尚屬合理必要。故依現行法規定，罰鍰之處分作成而具執行力後義務人死亡並遺有財產者，依上開行政執行法第 15 條規定意旨，該基於罰鍰處分所發生之公法上金錢給付義務，得為強制執行，並無不予強制執行之法律依據。惟上開行政執行法第 15 條規定，係針對行政執行處所為強制執行之特別規定，其執行標的僅以義務人死亡時所留遺產為限。至本院院解字第 2911 號解釋前段所謂：「法院依財務法規科處罰鍰之裁定確定後，未執行前，被罰人死亡者，除法令有特別規定外，自不能向其繼承人執行。」係指如無法令特別規定，不能向其繼承人之固有財產執行而言；罰鍰處分生效後、繳納前，受處分人死亡而遺有財產者，依行政執行法第 15 條規定，該遺產既得由行政執行處強制執行，致對其繼承人依民法第 1148 條規定所得繼承之遺產，有所限制，自應許繼承人以利害關係人身分提起或續行行政救濟（訴願法第 14 條第 2 項、第 18 條，行政訴訟法第 4 條第 3 項、第 186 條，民事訴訟法第 168 條及第 176 條等參照）；又本件解釋範圍，不及於罰鍰以外之公法上金錢給付義務，均併予指明。

　　歸納大法官解釋內容，得出以下結論：1.行政機關罰鍰科處前，行為人已死亡時，即不應科處；2.行政機關罰鍰科處後，行為人繳納前死亡者，

是否要繼續執行屬立法形成空間；3.行政執行法第 15 條係立法形成後之特別規定，而該法之施行細則符合授權明確性與比例原則。惟大法官特別強調：繼受僅以義務人死亡所留下的遺產為限，又既然該遺產由繼承人繼承，繼承人即屬利害關係人而具訴訟適格之地位。

貳、特別權力關係

一、「特別權力關係」之概念與種類

(一)概　念

特別權力關係理論之概念，可追溯於 19 世紀初君主與其臣民間之關係，爾後由 Paul Laband 及 Otto Mayer 建立真正特別權力關係理論之體系。於第二次世界大戰前，不僅廣泛施行於德國，更引進於日本與我國，產生深遠之影響[28]。「特別權力關係」又稱「特別服從關係」，與「一般權力關係」是相對之概念。特別權力關係，係指在特定之行政領域內，為達成行政目的，由人民與國家所建立，加強人民對國家從屬性之關係。「特別權力關係」定性為行政內部關係，凸顯行政主體之優越性與相對人之服從性，行政主體對於相對人保有概括之支配權，而相對人負有服從之義務，如有違反義務者，行政主體無須依法授權而得以處罰於相對人。簡言之，除不得主張人民之基本權利關係，亦無法律保留之適用，更無司法之救濟途徑可言。

(二)種　類

1.公法之勤務關係

依法於公務上服勤務之人，例如：公務員、軍人等。

2.公營造物之利用關係

[28] 參見：吳庚，《行政法之理論與實用》，增訂 13 版，2015 年，第 199–204 頁。

於公法上營造物之利用人，例如：監獄之受刑人、學校與學生之關係。

3.公法上特別監督關係

國家與地方自治團體間有關委辦事項所生之關係；國家與特許企業間之關係，例如台電、中油；國家與經國家授權行使公權力之人間之關係，例如國家與海基會之關係；或受特別保護者之法律關係，例如國家與私立大學之關係。

二、「特別權力關係」之特徵

特別權力關係之基本特徵在於，無論是一般權力關係或是特別權力關係，人民均須服從公權力主體之指令，惟在特別權力關係中，人民之地位更加不平等，此時已不再適用法律保留，人民無法律救濟。依學者通說[29]，特別權力關係之特徵如下：

㈠當事人地位不平等

相對人與國家之關係，處於高度不對等，相對人對於其所享有之權利與其義務不對等，且國家對於相對人所要求之權力與服從特別明顯，享有概括支配權。

㈡相對人義務之不確定

為達成行政目的，相對人所負之義務不明確，國家之指令均不得拒絕。

㈢有特別規則

在無法律特別規定時，公權力主體得以行政規則限制相對人之權利或賦予義務，無法律保留之適用。

㈣對相對人有懲戒權

---

[29] 參見：吳庚，《行政法之理論與實用》，增訂 13 版，2015 年，第 199–204 頁；陳敏，《行政法總論》，第 8 版，2013 年，第 220 頁以下；吳志光，《行政法》，修訂 5 版，2012 年，第 67–68 頁。

相對人倘若違反特別規則，國家得以實施公權力施以懲戒罰，其處罰之內容與一般權利義務關係中，須由法律預先規定之情形不同。

(五)不得救濟

不得行政訴訟、訴願。避免外部司法權介入，行政內部得以自行維持秩序，以保持行政權之完整。

● 三、德國突破「特別權力關係」理論之發展進程

(一)「特別法律關係」理論取代「特別權力關係」理論

戰後之德國建立起民主國及法治國原則，使傳統之「特別權力關係」飽受質疑。德國基本法之施行係保障人民基本權利，與國家、人民間所存在之特別權力關係，即排除公法上法律保留原則之適用，互為牴觸，然欲以一般權利義務關係取代特別權力關係，尚屬困難。因此，以「特別法律關係」取代「特別權力關係」乃現今較能接受之意見。特別法律關係強調：1.特別權力關係限制範圍縮小，僅限於學校關係及刑罰執行關係；2.對於違反內部行政之相對人，得依法為懲戒罰，但須遵守法律正當程序；3.相對人之權利受有侵害時，得對公權力主體提起行政爭訟，不得以法律明文排除該救濟途徑之機會。

儘管戰後德國嘗試突破從 Otto Mayer 所建構之特別權力關係理論，但仍力有未逮。觀察特別權力關係理論是否突破，似乎不能只是著墨在理論內容與所涉範圍，毋寧從特別權力關係的兩大重要特徵作觀察，意即應該從「相對人能否提起爭訟」及「是否符合法律保留」切入，並作為判斷是否突破特別權力關係之標準。

(二)解決否定提起爭訟之理論見解

C. H. Ule 教授於 1957 年提出該理論並認為，在「特別權力關係」中，得以區分為「基礎關係」(*Grundverhältnis*) 與「經營關係」

(*Betriebsverhältnis*) ❸。基礎關係，係指相對人於公法上之特定地位有設定、變更、消滅之事項，例如公務員之任命、免職、退休等，學生之入學、退學、休學等；經營關係，係指在公法上職務之執行，單純之管理措施，不涉及相對人之個人身分，其特定地位亦不影響，例如公務員之任務指派，公立學校對學生授課、服裝之安排等。按 Ule 教授見解，認為如涉及基礎關係變動，應允許相對人提起訴訟；若屬管理關係者，相對人不得提起訴訟。申言之，Ule 教授所提出的理論，只是針對特別權力關係下相對人不得提起訴訟救濟此一特徵提出反思並提供解決之道，並非真正突破特別權力關係理論的適用。雖然此一理論被德國聯邦行政法院所引用，但目前已喪失其學說價值，因為整個發展趨勢已經逐漸往解消特別權力關係方向邁進。

(三)解決無須法律保留之問題

德國聯邦憲法法院於 1972 年 3 月 14 日，作出著名的「受刑人基本權利判決 ❸」。其認為對受刑人基本權利之限制，不僅於內容與程度上，必須符合憲法價值秩序之公益目的；而且在外觀上，亦必須具備憲法所訂之形式。易言之，對受刑人基本權利之限制，必須依據法律或法律授權始得為之，意即須符合法律保留之要求，且受刑人基本權利受公權力限制侵害時，應提供司法救濟管道。詳言之，德國聯邦憲法法院以「重要性理論」立論，認為凡是涉及人民基本權利的「重要性事項」，行政機關之行政行為，就必須依據法律或法律授權始得為之，而且均得以循司法救濟途徑謀求救濟。

從該判決作成後，及後續相關判決所呈現的意見可以歸納出以下結論：在特別權力關係範圍內之相對人，個人權利僅受合目的且合理之限制，特別在涉及基本權利侵害時，須有法律為依據，始符合現代法治國依法行政

---

❸ Carl-Hermann Ule, Das besondere Gewaltverhältnis, VVDStRL 15(1957), S. 133ff.

❸ BverfGE 33, 1, S. ff.

之理念。易言之，特別權力關係中侵害相對人權利無須恪守法律保留原則之特徵，於此之後，亦告解除。

㈣小　結

特別權力關係之突破，經德國實務與學界之共同努力，終於獲致下列結論：1.限制特別權力關係之人的基本權利時（重要性理論），仍有法律保留原則之適用；2.保障特別權力關係之人的基本權利，若其受到公權力侵害之際，仍應提供其司法救濟之管道。

惟特別權力關係理論雖然受基本權利保護之影響，但若要求特別權力關係內之所有規整細節，均須有法律依據或法律授權，及所有限制均可救濟，則行政權之運作勢必將不勝其煩。是以，特別權力關係似仍難以全部打破，學者現多將其改稱為「特別身分關係」(Sonderstatusverhältnisse)，而內容上強調：進入此身分關係中之人，只是與國家發生較密切與持續之關係，但若國家所為涉及人民之基本權利，則屬重要性事項，故仍須有法律保留之適用，允許司法救濟。至於其他細節未涉及基本權利者，行政機關得逕為處置。

四、我國「特別權力關係」之發展

我國早期繼受「特別權力關係」理論，承認特別權力關係之存在，其範圍包括：公法上勤務關係、公法上營造物利用關係、學校與學生間之關係以及公法上之特別監督關係。我國多數學者認為，傳統之「特別權力關係」理論應揚棄，且透過近年司法院釋字觀察中，該理論於我國已漸突破。下述依相對人之身分作為分類說明之標準：

㈠公務員

1.公法上財產請求權

⑴公務員請領退休金：司法院釋字第 187 號解釋、第 201 號解釋❸❷、

司法院釋字第 187 號解釋文：「公務人員依法辦理退休請領退休金，乃行使法律基於憲法規定所賦予之權利，應受保障。」此號解釋具有重大意義，突破公務員不得提起行政爭訟之限制，*爾後有關退休金請領之事件均得作為行政爭訟之客體。*

⑵公務員考績獎金：司法院釋字第 266 號解釋

司法院釋字第 266 號解釋文：「公務人員基於已確定之考績結果，依據

❸ 司法院釋字第 201 號解釋文：「公務人員依法辦理退休請領退休金，非不得提起訴願或行政訴訟，經本院釋字第 187 號解釋予以闡釋在案。行政法院 53 年判字第 229 號判例前段所稱：『公務員以公務員身分受行政處分，純屬行政範圍，非以人民身分因官署處分受損害者可比，不能按照訴願程序提起訴願』等語，涵義過廣，與上開解釋意旨不符部分，於該解釋公布後，當然失其效力。至上開判例，有關軍人申請停役退伍事件部分，並未涉及公務人員依法辦理退休請領退休金，與本件聲請意旨無關，不在解釋範圍。」

❸ 節錄自司法院釋字第 658 號解釋理由書：「憲法第 18 條規定人民有服公職之權利，旨在保障人民有依法令從事公務，暨由此衍生享有之身分保障、俸給與退休金請求等權利。國家則對公務人員有給予俸給、退休金等維持其生活之義務（本院釋字第 575 號、第 605 號解釋參照）。又公務人員退休年資之多寡，係計算其退休金數額之基礎，故公務人員退休年資之起算日、得計入與不得計入之任職年資種類、如何採計、退休後再任公務人員年資採計及其採計上限等有關退休年資採計事項，為國家對公務人員實現照顧義務之具體展現，對於公務人員退休金請求權之內容有重大影響；且其有關規定之適用範圍甚廣，財政影響深遠，應係實現公務人員服公職權利與涉及公共利益之重要事項，而屬法律保留之事項，自須以法律明定之（本院釋字第 443 號、第 614 號解釋參照）。上開應以法律規定之退休年資採計事項，若立法機關以法律授權行政機關發布命令為補充規定時，其授權之目的、內容、範圍應明確。若僅屬執行法律之細節性、技術性次要事項，始得由主管機關發布命令為必要之規範，惟其內容不得抵觸母法或對公務人員之權利增加法律所無之限制（本院釋字第 568 號、第 650 號、第 657 號解釋參照）」

法令規定為財產上之請求而遭拒絕者，影響人民之財產權，參酌本院釋字第 187 號及第 201 號解釋，尚非不得依法提起訴願或行政訴訟。」

(3)公務員福利互助金：司法院釋字第 312 號解釋

司法院釋字第 312 號解釋文：「公務人員之公法上財產請求權，遭受損害時，得依訴願或行政訴訟程序請求救濟。公務人員退休，依據法令規定請領福利互助金，乃為公法上財產請求權之行使，如有爭執，自應依此意旨辦理。本院釋字第 187 號、第 201 號及第 266 號解釋應予補充。」

當時實務上僅承認「請領退休金」之事件，有行政爭訟之救濟途徑，其他公法上財產請求權則拒絕受理，因而出現上述(2)、(3)兩號釋字予以補充說明，因而確立公務人員之權利。

2.職務關係所受懲戒

(1)免職處分：司法院釋字第 243 號解釋

司法院釋字第 243 號解釋文：「中央或地方機關依公務人員考績法或相關法規之規定，對公務員所為之免職處分，直接影響其憲法所保障之服公職權利，受處分之公務員自得行使憲法第 16 條訴願及訴訟之權。該公務員已依法向該管機關申請復審及向銓敘機關申請再復審或以類此之程序謀求救濟者，相當於業經訴願、再訴願程序，如仍有不服，應許其提起行政訴訟，方符有權利即有救濟之法理。」

此號解釋承認公務員受上級機關就其監督範圍內所發布之職務命令，受有影響身分關係之處分時，有法律救濟之權利，簡言之，公務員雖受「記大過處分」而未達免職程度，該處分不影響公務員身分關係時，即不得提起行政爭訟。

(2)改變身分或重大影響之懲戒處分：司法院釋字第 298 號解釋

該號解釋之聲請肇因公務員懲戒委員會認為依公務人員考績法所為之免職處分，性質上屬於行政內部規則之懲戒處分，得否由行政機關為之？

依司法院釋字第 298 號解釋理由書：「憲法第 77 條規定：『司法院為國家最高司法機關，掌理民事、刑事、行政訴訟之審判及公務員之懲戒』，由是可知司法院為公務員懲戒之最高機關，非指國家對公務員懲戒權之行使，一律均應由司法院直接掌理。公務員之懲戒乃國家對其違法、失職行為之制裁，此項懲戒為維持長官監督權所必要，自得視懲戒處分之性質，於合理範圍內，以法律規定由長官為之。但關於足以改變公務員有重大影響之懲戒處分，受處分人得向掌理懲戒事項之司法機關聲明不服，由該司法機關就原處分是否違法或不當加以審查，以資救濟。有關公務員懲戒及公務員考績之法律，應依上述意旨修正之。本院釋字第 243 號解釋應予補充。至該號解釋，許受免職處分之公務員提起行政訴訟，係指受處分人於有關法律修正前，得請求司法救濟之程序而言。又具法定資格始得任用，並受身分保障之公務員，因受非懲戒性質之免除現職處分，經循行政程序未獲救濟時，受處分之公務員，仍得依本院釋字第 243 號解釋意旨，依法提起行政訴訟，請求救濟，併此指明。」

此號解釋雖係解決公務員之懲戒權之行使與救濟，然更提及「足以改變公務員有重大影響之懲戒處分」之事件，亦得提起救濟。由此可知大法官有意放寬公務員提起之行政爭訟之範圍。

(3)任用審查、級俸審定：司法院釋字第 323 號解釋、第 338 號解釋、第 483 號解釋❸❹

❸❹ 司法院釋字第 483 號解釋文：「公務人員依法銓敘取得之官等俸級，非經公務員懲戒機關依法定程序之審議決定，不得降級或減俸，此乃憲法上服公職權利所受之制度性保障，亦為公務員懲戒法第 1 條、公務人員保障法第 16 條及公務人員俸給法第 16 條之所由設。公務人員任用法第 18 條第 1 項第 3 款前段規定：『經依法任用人員，除自願者外，不得調任低一官等之職務；在同官等內調任低職等職務者，仍以原職等任用』，有任免權之長官固得據此將高職等之公務人員調任為較低官等或職等之職務；惟一經調任，依公務人員俸給法第 13 條第 2

司法院釋字第 323 號解釋理由書:「因公務員身分受行政處分得否提起行政爭訟,應視處分之內容而定,其足以改變公務員身分或對於公務員有重大影響之懲戒處分,受處分之公務員並得向該管司法機關聲明不服,業經本院釋字第 187 號、第 201 號、第 243 號、第 266 號、第 298 號及第 312 號解釋分別釋示在案。各機關擬任之公務人員,經人事主管機關任用審查,認為不合格或降低原擬任之官等者,於其憲法所保障服公職之權利有重大影響,如經依法定程序申請復審,對復審決定仍有不服時,自得依法提起訴願或行政訴訟,以謀求救濟。」節錄自司法院釋字第 338 號解釋文:「對審定之級俸如有爭執,依同一意旨,自亦得提起訴願及行政訴訟。」

相較於司法院釋字第 323 號解釋提及「不合格或降低原擬任之官等」許可爭訟之要件,大法官更在司法院釋字第 338 號解釋以補充之方式,予以放寬限制,認為「級俸審定」亦得提起行政爭訟。呼應前述司法院釋字提及,凡有重大影響公務員權利之處分,皆得提起行政爭訟之救濟途徑,若僅受單純之調職處分則不得提起。

3.法治精神之強調

(1)免職處分之法律保留與正當程序: 司法院釋字第 491 號解釋

司法院釋字第 491 號解釋文謂:「中央或地方機關依公務人員考績法或相關法規之規定對公務人員所為免職之懲處處分,為限制人民服公職之權利,實質上屬於懲戒處分,其構成要件應由法律定之,方符憲法第 23 條之意旨。……又懲處處分之構成要件,法律以抽象概念表示者,其意義須非

項及同法施行細則第 7 條之規定,此等人員其所敘俸級已達調任職等年功俸最高級者,考績時不再晉敘,致高資低用人員縱於調任後如何戮力奉公,成績卓著,又不論其原敘職等是否已達年功俸最高級,亦無晉敘之機會,則調任雖無降級或減俸之名,但實際上則生類似降級或減俸之懲戒效果,與首開憲法保障人民服公職權利之意旨未盡相符,主管機關應對上開公務人員任用法、公務人員俸給法及附屬法規從速檢討修正。」

難以理解，且為一般受規範者所得預見，並可經由司法審查加以確認，方符法律明確性原則。對於公務人員之免職處分既係限制憲法保障人民服公職之權利，自應踐行正當法律程序，諸如作成處分應經機關內部組成立場公正之委員會決議，處分前並應給予受處分人陳述及申辯之機會，處分書應附記理由，並表明救濟方法、期間及受理機關等，設立相關制度予以保障。」

　　早期司法院釋字對於公務員受免職處分時，僅在事後發生身分地位有改變或是受重大影響時，始得有行政爭訟之救濟途徑。惟此號司法院釋字強調之重點，不僅要求行政機關事前制定懲處處分之構成要件須符合法律明確性原則外，事中對於免職處分之權利，也應踐行正當法律程序之要求，故全面保障公務員之權利。針對特別權力關係之突破，本號解釋占有重要之影響性。

　　(2)退休權益事宜須法律保留：司法院釋字第 614 號解釋

　　司法院釋字第 614 號解釋文稱：「公務人員曾任公營事業人員者，其服務於公營事業之期間，得否併入公務人員年資，以為退休金計算之基礎，憲法雖未規定，立法機關仍非不得本諸憲法照顧公務人員生活之意旨，以法律定之。在此類法律制定施行前，主管機關依法律授權訂定之法規命令，或逕行訂定相關規定為合理之規範以供遵循者，因其內容非限制人民之自由權利，尚難謂與憲法第 23 條規定之法律保留原則有違。惟曾任公營事業人員轉任公務人員時，其退休相關權益乃涉及公共利益之重大事項，仍應以法律或法律明確授權之命令定之為宜，併此指明。」

(二)軍　人

1.身分地位之存續：司法院釋字第 430 號解釋

　　司法院釋字第 430 號解釋：「憲法第 16 條規定人民有訴願及訴訟之權，人民之權利或法律上利益遭受損害，不得僅因身分或職業關係，即限制其

依法律所定程序提起訴願或訴訟。因公務員身分受有行政處分得否提起行政爭訟，應視其處分內容而定，迭經本院解釋在案。軍人為廣義之公務員，與國家間具有公法上之職務關係，現役軍官依有關規定聲請續服現役未受允准，並核定其退伍，如對之有所爭執，既係影響軍人身分之存續，損及憲法所保障服公職之權利，自得循訴願及行政訴訟程序尋求救濟。」

2. 憲法上權利之重大影響：司法院釋字第 459 號解釋

司法院釋字第 459 號解釋文：「兵役體位之判定，係徵兵機關就役男應否服兵役及應服何種兵役所為之決定而對外直接發生法律效果之單方行政行為，此種決定行為，對役男在憲法上之權益有重大影響，應為訴願法及行政訴訟法上之行政處分。受判定之役男，如認其判定有違法或不當情事，自得依法提起訴願及行政訴訟。……至於兵役法施行法第 69 條係規定免役、禁役、緩徵、緩召應先經主管機關之核定及複核，並未限制人民爭訟之權利，與憲法並無牴觸；其對複核結果不服者，仍得依法提起訴願及行政訴訟。」

針對上述兩號司法院釋字，軍人為廣義公務員，惟早期司法院釋字第 201 號解釋❸，迴避軍人身分得以救濟之問題，而在十年後才通過司法院釋字第 430 號解釋，始確立軍人行政爭訟權利之享有。又司法院釋字第 459 號解釋更類似於司法院釋字第 298 號解釋之概念，軍人在憲法上之權益有「重大影響」時，享有行政爭訟之救濟。

---

❸ 司法院釋字第 201 號解釋文：「公務人員依法辦理退休請領退休金，非不得提起訴願或行政訴訟，經本院釋字第 187 號解釋予以闡釋在案。行政法院 53 年判字第 229 號判例前段所稱：『公務員以公務員身分受行政處分，純屬行政範圍，非以人民身分因官署處分受損害者可比，不能按照訴願程序提起訴願』等語，涵義過廣，與上開解釋意旨不符部分，於該解釋公布後，當然失其效力。至上開判例，有關軍人申請停役退伍事件部分，並未涉及公務人員依法辦理退休請領退休金，與本件聲請意旨無關，不在解釋範圍。」

(三)學生與學校

1.大學課程：司法院釋字第 380 號解釋、司法院釋字第 450 號❸

司法院釋字第 380 號解釋文：「憲法第 11 條關於講學自由之規定，係對學術自由之制度性保障；就大學教育而言，應包含研究自由、教學自由及學習自由等事項。大學法第 1 條第 2 項規定：『大學應受學術自由之保障，並在法律規定範圍內，享有自治權』，其自治權之範圍，應包含直接涉及研究與教學之學術重要事項。大學課程如何訂定，大學法未定有明文，然因直接與教學、學習自由相關，亦屬學術之重要事項，為大學自治之範圍。……大學之必修課程，除法律有明文規定外，其訂定應符合上開大學自治之原則，大學法施行細則第 22 條第 3 項規定：『各大學共同必修科目，由教育部邀集各大學相關人員共同研訂之。』惟大學法並未授權教育部邀集各大學共同研訂共同必修科目，大學法施行細則所定內容即不得增加大學法所未規定限制。又同條第 1 項後段『各大學共同必修科目不及格者不得畢業』之規定，涉及對畢業條件之限制，致使各大學共同必修科目之訂定實質上發生限制畢業之效果，而依大學法第 23 條、第 25 條及學位授予法第 2 條、第 3 條規定，畢業之條件係大學自治權範疇。」

---

❸ 司法院釋字第 450 號解釋文：「大學自治屬於憲法第 11 條講學自由之保障範圍，舉凡教學、學習自由有關之重要事項，均屬大學自治之項目，又國家對大學之監督除應以法律明定外，其訂定亦應符合大學自治之原則，業經本院釋字第 380 號解釋釋示在案。大學於上開教學研究相關之範圍內，就其內部組織亦應享有相當程度之自主組織權。各大學如依其自主之決策認有提供學生修習軍訓或護理課程之必要者，自得設置與課程相關之單位，並依法聘任適當之教學人員。惟大學法第 11 條第 1 項第 6 款及同法施行細則第 9 條第 3 項明定大學應設置軍訓室並配置人員，負責軍訓及護理課程之規劃與教學，此一強制性規定，有違憲法保障大學自治之意旨，應自本解釋公布之日起，至遲於屆滿一年時失其效力。」

簡言之，「共同必修不及格不得畢業」之規定，違反學術自由及大學自治原則，大法官宣告其違憲。又有關大學之教學研究範圍，屬大學組織所享有相當程度之自治權。

2.學生退學處分：司法院釋字第 382 號解釋

早期實務對於公立學校與學生之法律關係，向來均認為係特別權力關係之一種，由最高行政法院 41 年判字第 6 號判例❸可知，學校對於學生所為之處分，學生皆不得提起行政爭訟。司法院釋字第 382 號解釋之出現，對此有所突破。

司法院釋字第 382 號解釋文：「各級學校依有關學籍規則或懲處規定，對學生所為退學或類此之處分行為，足以改變其學生身分並損及其受教育之機會，自屬對人民憲法上受教育之權利有重大影響，此種處分行為應為訴願法及行政訴訟法上之行政處分。受處分之學生於用盡校內申訴途徑，未獲救濟者，自得依法提起訴願及行政訴訟。行政法院 41 年判字第 6 號判例，與上開意旨不符部分，應不予援用，以符憲法保障人民受教育之權利及訴訟權之意旨。」

本號解釋之重點包括：私立學校實施教育之權限係經主管教育機關許可，且由法律授與行使公權力，與公立學校具有同等地位。學生可否行政爭訟之判準，大法官似乎將學生等同於公務員看待，以「是否足以改變學生身分，並對其受教育權利有重大影響」為判準，惟有學者持不同意見認為，大法官僅將重點置於「受教育權」上，顯有不周。

司法院釋字第 684 號解釋：「大學為實現研究學術及培育人才之教育目

---

❸ 最高行政法院 41 年判字第 6 號判例：「學校與官署不同，學生與學校之關係，亦與人民與官署之關係有別，學校師長對於違反校規之學生予以轉學處分，如有不當情形，亦祇能向該管監督機關請求糾正，不能按照訴願程序，提起訴願。」

的或維持學校秩序，對學生所為行政處分或其他公權力措施，如侵害學生受教育權或其他基本權利，即使非屬退學或類此之處分，本於憲法第 16 條有權利即有救濟之意旨，仍應許權利受侵害之學生提起行政爭訟，無特別限制之必要。在此範圍內，本院釋字第 382 號解釋應予變更。」

　　本號解釋揚棄過往以「重大影響」之判準，並以憲法第 16 條有權利即有救濟之意旨，應許權利受侵害之學生提起行政爭訟，無特別限制之必要，突破特別權力關係之限制。

3. 無須法律保留之大學事務：司法院釋字第 563 號解釋、第 626 號解釋

　　先論及大學訂定有關退學之校內規定，影響學生權利，是否違憲之爭議，我國學界對此問題之看法，有明顯之意見分歧，司法院釋字第 563 號解釋稱：「碩士學位之頒授依中華民國 83 年 4 月 27 日修正公布之學位授予法第 6 條第 1 項規定，應於研究生『完成碩士學位應修課程，提出論文，經碩士學位考試委員會考試通過』後，始得為之，此乃國家本於對大學之監督所為學位授予之基本規定。大學自治既受憲法制度性保障，則大學為確保學位之授予具備一定之水準，自得於合理及必要之範圍內，訂定有關取得學位之資格條件。……此項資格考試之訂定，未逾越大學自治之範疇，不生憲法第 23 條之適用問題。為維持學術品質，健全學生人格發展，大學有考核學生學業與品行之權責，其依規定程序訂定有關章則，使成績未符一定標準或品行有重大偏差之學生予以退學處分，亦屬大學自治之範疇；立法機關對有關全國性之大學教育事項，固得制定法律予以適度之規範，惟大學於合理範圍內仍享有自主權。……大學對學生所為退學之處分行為，關係學生權益甚鉅，有關章則之訂定及執行自應遵守正當程序，其內容並應合理妥適，乃屬當然。」

　　公權力之行使，限制人民權利，須以法律為之，符合憲法第 23 條之規定。本號解釋陳述「大學所訂定之考試要點，未逾越大學自治之範疇，不

生憲法第 23 條之適用問題」不免使人誤會，凡大學自治範疇，均無法律保留之適用。惟正確理解應為，大法官無意使所有大學自治行使之範疇，均可排除法律保留之適用，而是僅限於「資格考試之訂定」此部分。

有關大學在「入學考試招生簡章」訂定招生門檻，限制特定人報名，是否違憲之爭議。司法院釋字第 626 號解釋稱：「憲法第 7 條規定，『人民在法律上一律平等』；第 159 條復規定：『國民受教育之機會，一律平等。』旨在確保人民享有接受各階段教育之公平機會。中央警察大學 91 學年度研究所碩士班入學考試招生簡章第 7 點第 2 款及第 8 點第 2 款，以有無色盲決定能否取得入學資格之規定，係為培養理論與實務兼備之警察專門人才，並求教育資源之有效運用，藉以提升警政之素質，促進法治國家之發展，其欲達成之目的洵屬重要公共利益；因警察工作之範圍廣泛、內容繁雜，職務常須輪調，隨時可能發生判斷顏色之需要，色盲者因此確有不適合擔任警察之正當理由，是上開招生簡章之規定與其目的間尚非無實質關聯，與憲法第 7 條及第 159 條規定並無牴觸。」

本號解釋雖在學界頗受質疑，但其確立大學入學自治之範圍，如不違反憲法基本權之規定，仍屬正當。

㈣受刑人與羈押被告

目前有罪判決確定之受刑人，仍未跳脫特別權力關係之範圍，其在監獄所受之行政處分，並無行政爭訟可言。假釋中之受刑人原本允許其行政爭訟，惟最高行政法院於 93 年度 2 月份庭長法官聯席會議決議改變見解採否定說❸。

---

❸ 最高行政法院 93 年度 2 月份庭長法官聯席會議決議（三）：「法律問題：假釋中之受刑人，對於法務部撤銷其假釋之決定，是否可以循行政爭訟之程序請求救濟？ 甲說：（肯定說）法務部撤銷假釋之決定，屬於行政處分，被處分之相對人自得提起訴願及行政訴訟。乙說：（否定說）假釋之撤銷屬刑事裁判執行之一

昔日羈押法第 6 條及同法施行細則第 14 條第 1 項限制受羈押被告向法院提起訴訟請求救濟之權利，惟此一見解被司法院釋字第 653 號解釋宣告違憲，而允許羈押被告得向法院提起訴訟請求救濟。

司法院釋字第 653 號解釋理由書謂：「考其立法之初所處時空背景，係認受羈押被告與看守所之關係屬特別權力關係，如對看守所之處遇或處分有所不服，僅能經由申訴機制尋求救濟，並無得向法院提起訴訟請求司法審判救濟之權利。司法實務亦基於此種理解，歷來均認羈押被告就不服看守所處分事件，僅得依上開規定提起申訴，不得再向法院提起訴訟請求救濟。惟申訴在性質上屬機關內部自我審查糾正之途徑，與得向法院請求救濟之訴訟審判並不相當，自不得完全取代向法院請求救濟之訴訟制度。是上開規定不許受羈押被告向法院提起訴訟請求救濟之部分，與憲法第 16 條規定保障人民訴訟權之意旨有違。」

本號解釋首次全面性未設任何條件限制，有意完全揚棄特別權力關係，係司法上之重大突破。

環，為廣義之司法行政處分，如有不服，其救濟程序，應依刑事訴訟法第 484 條之規定，即俟檢察官指揮執行該假釋撤銷後之殘餘徒刑時，再由受刑人或其法定代理人或配偶向當初諭知該刑事裁判之法院聲明異議，不得提起行政爭訟。決議：採乙說。」

第三節　行政法法源

壹、法源與法規範之概念

一、法源之概念

所謂「法源」者，在法學中一般將其理解為「實定法之基石」。「實定法」係指在特定區域及特定時間內，以國家高權為中心，鞏固其拘束力和執行力之法規範，而該法規範之成立及表現形式，即為「法源」。

「行政法法源」，係稱行政法規範之成立及表現形式，其中法規範包含行政組織法、行政程序法、行政作用法、行政補償法制、行政爭訟法制等，可謂內部及外部兼備之法規範。

二、法規範之概念

「法源」及「法規範」呈現互利存在之狀態。就「法源」意義而言，其強調「法之形式」；「法規範」則強調「法之內容」，兩者缺一不可，若缺其一，則其他亦無用武之地。

「法規範」為「法之內容」，有論者❸❾認為尚有「內部法」及「外部法」之別：「內部法」係就國家內部事項所訂定之一般、抽象性規定；「外部法」則係對人民或其他具法人格者，從事設立、變更或消滅其權利、義務之一般、抽象性規定。惟無論「內部法」或者「外部法」皆屬行政法之法源。

---

❸❾ 參見：陳敏，《行政法總論》，第 8 版，2013 年，第 59 頁。

貳、成文法作為行政法法源

一、憲　法

「憲法乃抽象之行政法，行政法則係具體之憲法。」例如國家權力分立、中央與地方權力劃分，及基本國策等憲法規定，皆與行政權之行使有密切相關。因此，憲法當然構成行政法之基礎與標準，為其重要法源之一。

二、法　律

法律，係指由立法機關依據立法程序所制定之一般、抽象規範。依中央法規標準法第 2 條之規定，法律得定名為法、律、條例或通則。

法律之概念可分為「形式之法律」與「實質之法律」二層次來理解。「形式之法律」，係指經立法院通過，總統公布之法律；而「實質之法律」，係指可以設定、變更、消滅人民或其他具法人格者之權利義務關係之一般、抽象法規範。簡言之，「形式之法律」強調立法程序之正當，「實質之法律」強調法律之內容與功能，兩者在概念上交錯，但並非完全重合，故應作一體性之認識。

三、命　令

(一)緊急命令

依照憲法增修條文第 2 條第 3 項之規定：「總統為避免國家或人民遭遇緊急危難或應付財政經濟上重大變故，得經行政院會議之決議發布緊急命令，為必要之處置，不受憲法第 43 條之限制。但須於發布命令後 10 日內提交立法院追認，如立法院不同意時，該緊急命令立即失效。」由此觀察可知總統發布緊急命令時，該命令授權依據為憲法，並非一般性法律規定，

且其效果有別於一般法規命令不得牴觸法律之規定,而係凌駕於法律之上,具有暫時中止法律之效力, 是以緊急命令於法理上有「替代法律之法規命令」之稱謂❹。

(二)法規命令

依據行政程序法第 150 條第 1 項規定:「本法所稱法規命令,係指行政機關基於法律授權,對多數不特定人民就一般事項所作抽象之對外發生法律效果之規定。」儘管法規命令係由行政部門制定,但得作為設定、變更或消滅人民之權利義務之依據,故屬「實質意義之法律」。

相對於法律制定程序,法規命令無論制定或運用較有彈性,且立法機關並非全能,若干具有專業性之規範,若能授權由專業之行政部門自行制定,應較能符合規範目的。雖法規命令具有便利性且較符合效率需求,但為符合權力分立要求,立法權不得浮濫授權行政部門自行制定法規範,且行政部門亦不得於立法機關授權後自行轉授權。最後,立法授權之法律依據須符合內容、目的、範圍明確之要求(行政程序法第 150 條第 2 項),不得模糊立法權與行政權之界線,致違反憲法確立之基本原則。

(三)行政規則

所謂「行政規則」者,依據行政程序法第 159 條第 1 項規定,係指上級機關對下級機關,或長官對屬官,依其權限或職權為規範機關內部秩序及運作,所為非直接對外發生法規範效力之一般、抽象之規定。

由上述可知,行政規則由行政部門所制定,由於該規範事項屬行政機關內部事務,故無須法律授權。但行政機關因適用行政規則,導致可能透過行政自我拘束原則而間接對外發生效力,依據司法院釋字第 38 號❹及第

---

❹ 參見: 陳敏,《行政法總論》, 第 8 版, 2013 年, 第 63-64 頁。

❹ 司法院釋字第 38 號解釋認為:「憲法第 80 條之規定旨在保障法官獨立審判不受任何干涉。所謂依據法律者,係以法律為審判之主要依據,並非除法律以外與

137 號解釋❷認為，法院對於憲法或法律不相牴觸之有效規章不得斥而不用，行政規則既屬有效規章，故亦得作為外部法之補充法源❸。

另外，行政規則亦有解釋之功能，一般稱其為行政函釋。所謂行政函釋乃法律事務太過龐雜下所生之產物，由於法規偶有疏漏致下級機關在適用法規上或人民對於該法規有疑問時，須透過主管機關為該法律或命令作出解釋，此種由主管機關及上級行政機關所作之解釋，即稱行政解釋。實務上通常稱為「解釋函令」。

行政解釋既為行政機關上級對下級所為之指示，則對下級機關有當然之拘束力，且為行政規則之一種，自然可作為行政法補充法源。惟有學者認為❹，行政機關對於人民之解釋，並非行政處分，故對人民並無拘束力，充其量僅有行政機關對內之效力。另就法院而言，法官對於函釋「固未可逕行排斥而不用，但仍得依據法律表示其合法適當之見解❺」由此可見，行政函釋對於人民或法院並無拘束力，故原則上並非法源之一種。雖行政函釋對於法院無拘束力，但若經法院確定終局裁判引用時，司法官亦得對該行政解釋作違憲審查❻，以徹底維護人民之權利，此等法院所引用之行

憲法或法律不相牴觸之有效規章均行排斥而不用。至縣議會行使縣立法之職權時，若無憲法或其他法律之根據，不得限制人民之自由權利。」本號解釋雖因縣議會得否制定縣規章限制人民自由權利之疑義而作成，但所謂「有效規章」應不限縮於縣規章。法官於審判時應適用之有效法規命令，自應涵蓋其中。行政規則若有外部效力時，法官同樣不得排斥不用，皆屬「有效規章」。

❷ 司法院釋字第 137 號解釋即認為：「法官於審判案件時，對於各機關就其職掌所作有關法規釋示之行政命令，固未可逕行排斥而不用，但仍得依據法律表示其合法適當之見解。」

❸ 參見：陳敏，《行政法總論》，第 8 版，2013 年，第 67 頁。

❹ 參見：陳敏，《行政法總論》，第 8 版，2013 年，第 83 頁。

❺ 司法院釋字第 137 號解釋。

❻ 司法院釋字第 374 號解釋。

政解釋，當然可例外作為行政法之法源。

㈣職權命令

所謂「職權命令」者，依據中央法規標準法第 7 條之規定，乃指各機關依其法定職權訂定之命令。職權命令於形式上無須經法律授權，行政機關自得逕行制定頒布，於理解上亦有論者❼稱其為「執行命令」抑或「替代法律之命令」。

惟依據憲法 23 條之規定，人民之自由權利僅得以法律限制之，且依中央法規標準法第 5 條第 2 款之規定，有關於人民之權利義務，應以法律規定之，一再強調人民之權利義務事項僅得透過法律明文規定限制，即使無法律明文規定而改以命令限制，亦須獲得法律授權後始得為之。從其脈絡，職權命令之性質應屬行政內部之規範，其拘束力僅及於下級機關及屬員，類似於行政規則之措施。

就上述之法理，行政機關應不得頒布職權命令以限制人民基本權利，但礙於我國實務之現況，存有眾多法規命令與職權命令交雜之亂象，若要釐清並非一日之事。究明法理及實務見解後，筆者以為，凡涉及人民權利義務者，應以法律保留原則為判斷標準；無涉人民權利義務之職權命令，作為法律執行之技術性或細節性規定，應允其具有外部效力，以此作為職權命令運用之標準，更能符合我國行政實務。

㈤特別命令

「特別命令」就理解上為「特別權力關係下之行政規則」，又稱「特別規則」。既以行政規則為名，表示其乃規定組織內部事項之法規範。為維持「特別權力關係」內部之秩序及功能，透過規範對具有身分關係之特定人產生制約，其性質非屬法律亦非法規命令或自治規章。

承上所述，為符合憲法法律保留之要求，即使於特別權力關係下，特

---

❼ 參見：陳敏，《行政法總論》，第 8 版，2013 年，第 67 頁。

別命令亦僅得對於法律、法規命令或自治規章未規定之事項，始有制定該命令之餘地。不再以法律保留之例外看待特別權力關係與特別命令，司法院大法官亦採此見解，例如：司法院釋字第 382 號解釋謂：「各級學校依有關學籍規則或懲處規定，對學生所為退學或類此之處分行為，足以改變其學生身分並損及其受教育之機會，自屬對人民憲法上受教育之權利有重大影響，此種處分行為應為訴願法及行政訴訟法上之行政處分。受處分之學生於用盡校內申訴途徑，未獲救濟者，自得依法提起訴願及行政訴訟……。」由上可見，傳統以為學生與學校間屬於「特別權力關係」，學校對學生所為之處分即屬特別命令，毋庸法律保留且學生亦無救濟之途徑。於此號解釋後，大法官鞏固法律保留之要求，亦貫徹「有侵害即有救濟」之法理。

四、自治規章

所謂「自治規章」又稱「自治法規」，為國家內部之公法人經中央制定法律授權後，於法律授權之自治範圍內，對其成員或受其節制者所發布之法規範，而該地方公法人包括直轄市、縣（市）、鄉（鎮、市）等地方自治團體，係國家權力垂直分立之表現❹❽。

依司法院釋字第 38 號解釋意旨❹❾，強調凡涉及人民之權利義務事項，應符合法律保留之憲法要求。惟自治規章之特性，因地方自治團體比較熟悉地方之情形，為求便宜、迅速，地方自治團體得透過地方立法機關制定

---

❹❽ 實務上自治法規可分為「自治規則」與「自治條例」。「自治規則」通常係指由地方行政機關自行訂定之自治法規稱之；「自治條例」則係指由地方立法機關（議會）自行審議通過者。有關法源之位階，地方立法機關議會所通過「自治條例」高於行政機關訂定之「自治規則」，但皆低於法律。

❹❾ 此可由司法院釋字第 38 號解釋（節錄）：「……至縣議會行使縣立法之職權時，若無憲法或其他法律之根據，不得限制人民之自由權利。」即可得知。

自治條例（地方制度法第 25 條），抑或基於職權或中央立法機關之授權，訂定自治規則和委辦規則（地方制度法第 27 條及第 29 條）。

五、條　約

所謂「條約」，係指二國以上之國家或國際法人間所締結之契約，並發生國際法上效力之各類協定。既為國際上之協約，具有國際法上之效力，自不待言。但是否具有內國法之效力，進而限制人民之權利義務，非無疑義。

我國行政法學者❺多主張條約為行政法之法源，其理由除外國有此立法例外，尚有我國憲法第 141 條揭示尊重條約之精神，且條約若經立法院審議通過並由總統公布後，其位階及效力應與法律無異。早期實務上更進一步肯定，為實踐尊重條約之精神，條約之效力應優先於法律適用之，無非直接承認條約凌駕於內國法之上，實屬可議，且於外國立法例上亦為罕見之少數，應當重新思考條約之定位。

司法院釋字第 329 號解釋謂：「憲法所稱之條約係指中華民國與其他國家或國際組織所締結之國際書面協定，包括用條約或公約之名稱，或用協定等名稱而其內容直接涉及國家重要事項或人民之權利義務且具有法律上效力者而言。其中名稱為條約或公約或用協定等名稱而附有批准條款者，當然應送立法院審議，其餘國際書面協定，除經法律授權或事先經立法院同意簽訂，或其內容與國內法律相同者外，亦應送立法院審議。」

本號解釋以「國會優先主義」為切入點，認為條約與行政協定❺須經

---

❺ 參見：吳志光，《行政法》，修訂 5 版，2012 年，第 18 頁；吳庚，《行政法之理論與實用》，增訂 13 版，2015 年，第 41 頁。

❺ 近來較具話題爭議性的行政協定，當屬 2010 年 6 月 29 日由我國財團法人海峽交流基金會與中華人民共和國授權之海峽兩岸關係協會所簽署之「兩岸經濟合

立法院之批准，始生內國法之效力。而作為行政法法源之方式有三：

1. 直接作為法規適用：例如國際簽訂之引渡條款。經立法院審議批准後，始生內國法之效力。

2. 另行制定法規以資因應：例如我國與美國有關智慧財產權保護之協定，乃經我國另外制定著作權法，始進一步落實協議內容。

3. 國際法原則，可逕由司法機關直接引用，並作為判決先例。例如司法機關直接引用國際公約或國際慣例❷。

針對司法院釋字第 329 號解釋內容，有論者❸認為無論是否屬於條約之「重要性事項❹」皆應經立法轉化始能成為國內法，完整貫徹法律保留

作架構協議」(Economic Cooperation Framework Agreement，ECFA)。性質上雖未標明國家間之締約關係，但實屬兩具有處理權限之機關作成協議。

❷ 司法院釋字第 549 號解釋：「勞工保險係國家為實現憲法第 153 條保護勞工及第 155 條、憲法增修條文第 10 條第 8 項實施社會保險制度之基本國策而建立之社會安全措施。保險基金係由被保險人繳納之保險費、政府之補助及雇主之分擔額所形成，並非被保險人之私產。被保險人死亡，其遺屬所得領取之津貼，性質上係所得替代，用以避免遺屬生活無依，故應以遺屬需受扶養為基礎，自有別於依法所得繼承之遺產。勞工保險條例第 27 條規定：『被保險人之養子女，其收養登記在保險事故發生時未滿六個月者，不得享有領取保險給付之權利。』固有推行社會安全暨防止詐領保險給付之意，而同條例第 63 條至第 65 條有關遺屬津貼之規定，雖係基於倫常關係及照護扶養遺屬之原則，惟為貫徹國家負生存照顧義務之憲法意旨，並兼顧養子女及其他遺屬確受被保險人生前扶養暨無謀生能力之事實，勞工保險條例第 27 條及第 63 條至第 65 條規定應於本解釋公布之日起 2 年內予以修正，並依前述解釋意旨就遺屬津貼等保險給付及與此相關事項，參酌有關國際勞工公約及社會安全如年金制度等通盤檢討設計。」此號解釋即為行政機關在授益行政的範圍內直接引用之實例。

❸ 參見：陳敏，《行政法總論》，第 8 版，2013 年，第 76 頁。

❹ 此處應釐清經立法院審議批准與法律保留之差別，為使人民基本權利可以得到最為周全之保障，應採取全面法律保留較為恰當，而非僅限於重要性事項法律

之要求❺，並非立法院審議程序即為足矣。綜合前述，條約原則上僅是間接之法源或補充之法源，若主張條約得直接對人民生效，應僅侷限於自動履行之條約❺。

參、不成文法源

一、習慣法

所謂「習慣法」，係指在一般社會中對於特定未經法律明文規定之事項，長期遵循一定之方式處理，並確信其為法律所要求或許可者。因此，習慣法係由受其規範之當事人，以事實之運作而成立之法規範❺。

習慣法之要件，主要可分為「客觀要件」及「主觀要件」。在客觀上，須於社會中存在一特定行為模式，長期且普遍性的受遵循；在主觀上，對於該行為模式人民有確信其為法律所規定者，又稱「法之確信」。習慣法成立後，僅因成立要件不復存在或經立法明文後而消滅。

雖習慣法之定義及論述較為空洞，但其若能以法之地位被反覆慣行實施，其內容則與他法規範無異，惟其仍須符合明確性原則，不得使受規範

保留。參見：李惠宗，《行政法要義》，第6版，2012年，第88頁。

❺ 我國現行法律中，已有將條約轉化為國內法之規定。例如：所得稅法第124條即規定：「凡中華民國與其他國家所簽訂之所得稅協定中另有特別規定者，依其規定。」本條係將所得協定轉化為國內法之規定。參見：陳敏，《行政法總論》，第8版，2013年，第77頁。

❺ 自動履行之條約係指條約依其性質，無須國內立法即可生效，或條約內有此一意旨之明文約定書者稱之。參見：丘宏達，《現代國際法》，第3版，2012年，第96頁以下。公約與行政協定應同此方式為處理，較為妥適。

❺ 行政機關於自由裁量範圍內，所為處分為符合「相同案件，相同處理；不同案件，不同處理」之平等原則，若已形成行政自我拘束力之行政習慣者，亦屬之。參見：李惠宗，《行政法要義》，第6版，2012年，第95頁。

者無從理解與遵守。有鑑於我國立法密度之提升，習慣法之適用空間漸漸被明文化法典所取代，但一般行政法因欠缺法典化，正是習慣法發揮作用之所在❸，但就憲法之法律保留要求下，習慣法得否直接作為限制人民基本權利之依據，非無疑問。然而，至少可以確定的是習慣法應屬行政法法源之一。司法院釋字第 601 號解釋即係運用習慣法作為解釋依據，此號解釋乃證明習慣法作為行政法法源之最佳示例。該號解釋理由書謂：「……司法院大法官依此支領司法人員補助費（嗣改稱司法人員專業加給），自屬有據。且此一法規經行政院、立法院及司法院等憲法機關 50 餘年先後反覆適用，而被確信具有法效力之規範……。」

二、判 例

法官於審理個案時，有欠缺法律規定，或雖有規定但模糊、自相矛盾、不妥適等情況。於上述情形發生時，法官必須進行造法，形塑出裁判標準。經由法官造法建立之裁判原則，經常被適用及遵守者，即成為學理上所稱之「判例法」。但我國一般所稱之「判例」，與上述「裁判原則」不同。依據法院組織法第 57 條第 1 項規定，最高法院裁判時所適用之法律見解，經會議決議後選編成判例。最高行政法院及最高法院選編之「判例」，如在制度上以之為法源，無異許可司法權從事立法行為，似有違權力分立原則，故為憲法所不許。

然司法院大法官卻多次針對「判例」作成多號解釋❺，但並未對「判例」作為法源多所置喙，僅係針對個別被認定為違憲之判例宣告不得再適用❻。觀察大法官解釋內容，大致上大法官承認判例可作為終局裁判依據

---

❸ 參見：陳敏，《行政法總論》，第 8 版，2013 年，第 79 頁。

❺ 司法院釋字第 154 號、第 177 號、第 185 號、第 193 號解釋。

❻ 雖然司法院釋字第 154 號解釋理由書中認為：「按司法院大法官會議法第 4 條第

且性質上相當於命令，故得作為違憲審查之標的。既然判例已被大法官認定為違憲審查之標的，且性質上相當於命令，客觀上判例又作為各級法院審判之依據，故判例於性質上得作為行政法之法源。

近年來，因基於上述權力分立原則之考量及杜絕司法造法之情形，「判例」制度廢止之議題討論不斷，且欲以大法庭制度取代❻❶。

---

1 項第 2 款關於確定終局裁判所適用之『法律或命令』，乃指確定終局裁判作為裁判依據之法律或命令或相當於法律或命令者而言。依法院組織法第 25 條規定：『最高法院各庭審理案件，關於法律上之見解，與本庭或他庭判決先例有異時，應由院長呈由司法院院長召集變更判例會議決定之。』及行政法院處務規程第 24 條規定：『各庭審理案件關於法律上之見解，與以前判例有異時，應由院長呈由司法院院長召集變更判例會議決定之。』（現行條次為第 38 條第 1 項）足見最高法院及行政法院判例，在未變更前，有其拘束力，可為各級法院裁判之依據，如有違憲情形，自應有司法院大法官會議法第 4 條第 1 項第 2 款之適用，始足以維護人民之權利，合先說明。」

❻❶ 參見，司法院新聞稿，2012 年 12 月 22 日。修正重點如下：

最高法院分設之民事庭或刑事庭為數庭者，應設民事大法庭、刑事大法庭（法院組織法增訂第 51 條之 1）；最高行政法院設立大法庭（行政法院組織法增訂第 15 條之 1）。

最高法院、最高行政法院各庭審理案件，經評議後認所持之法律見解與各庭或大法庭先前裁判之法律見解發生歧異，足以影響裁判之結果，或具有普遍、原則上之重要性者，於書面徵詢其他各庭意見，仍認有歧異，經大法庭許可後，裁定移由大法庭審判（法院組織法新增第 51 條之 1；行政法院組織法新增第 15 條之 1）。

大法庭由最高法院、最高行政法院院長擔任審判長；庭員由原審理該案件之受命法官 1 名及法官會議議決之法官代表擔任（法院組織法新增第 51 條之 2；行政法院組織法新增第 15 條之 2）。

擔任大法庭審理案件之代理人或辯護人，應實際執行業務達一定年資以上，其年資之認定標準，由最高法院、最高行政法院定之（法院組織法新增第 51 條之 3；行政法院組織法新增第 15 條之 3）。

三、司法院大法官解釋

依據憲法第 78 條:「司法院解釋憲法,並有統一解釋法律及命令之權。」另依憲法增修條文第 5 條第 1 項:「司法院設大法官 15 人,並以其中 1 人為院長、1 人為副院長,由總統提名,經立法院同意任命之……。」從事解釋憲法並統一解釋法律及命令之要職。

大法官無論對於憲法或法規所為之解釋,其效力皆及於該條文本身,為一種條文規範意旨及適用之闡述。司法院釋字第 185 號解釋稱:「自有拘束全國各機關及人民之效力,各機關處理有關事項,應依解釋意旨為之,違背解釋之判例,當然失其效力。」*若對於該法規為補充之解釋並具體化者亦有造法之效,仍得作為法源之依據。*

四、決　議

依照司法院釋字第 374 號解釋理由書中認為:「……最高法院之決議原僅供院內法官辦案之參考,並無必然之拘束力,與判例雖不能等量齊觀,惟決議之製作既有法令依據(法院組織法第 78 條及最高法院處務規程第 32 條),又為代表最高法院之法律見解,如經法官於裁判上援用時,自亦應認與命令相當……。」

此號解釋以判例與決議相比擬,認為雖決議僅為辦案參考並無拘束力。倘若決議經法官於裁判上援用時,自應與命令相當。既然命令無疑屬法源

大法庭審理案件,除顯無必要外,應行言詞辯論;必要時得就專業法律問題徵詢從事該法律問題學術研究之人,並準用鑑定人之規定(法院組織法新增第 51 條之 4;行政法院組織法第 15 條之 4)。

刪除最高法院、最高行政法院選編判例制度,修正為最高法院、高等法院、最高行政法院、高等行政法院得選取各該法院或下級法院具有重要參考價值之裁判,提供法官參考(法院組織法修正第 57 條;行政法院組織法修正第 16 條)。

之一，故決議被援用時亦可為法源之一種。

五、一般行政法原理原則

所謂「一般行政法原理原則」係指不限於特別之事項，得普遍適用於行政法領域之法律原則稱之。由行政法欠缺法典化之際，根據判例或法理所發展出來，具有法律之效力，故亦為法源之一種。

「一般行政法原理原則」涉及之來源廣泛，舉凡習慣法、判例或成文法，皆有可能為其源頭。另外又有稱為「具體化之憲法」，為憲法之基本原則作具體化或延伸，使其憲法精神得以更加容易主張及落實，例如憲法第7條「行政自我拘束原則」、憲法第23條「干涉之法律保留」、「比例原則」等。亦有將法律通則抽繹出來之原則，得透過類推等法律輔助方法，達到適法用法之便，將法律精神淋漓發揮。

有關一般行政法原理原則之具體內容，於後之專章作詳盡說明（請參閱本書第二章）。

肆、法源之位階與適用

一、法源位階之概念

所謂「法源之位階」，指的是法源之效力孰輕孰重所排列出之優先順序，亦即將各種法源依照一定順序，由上而下排列形成位階，而該順序及位階功能在於法源間彼此規範產生衝突時，位階高之法源應具有優先效力，而位階低之法源則不予適用。簡言之，法源位階理論係採「上位法效力優於下位法」之原則。

此外，應特別注意的是，當高位階之法源遭到廢止後，與其相牴觸致無效之低位階法源亦不因此而回復其效力。惟依我國憲法增修條文第2條

第 3 項之規定，由總統發布之「緊急命令」係屬較為特別之制度，因緊急命令可以暫時停止現行法律及一般法規命令之效力，但與該緊急命令相牴觸之法律及一般法規命令，並不因此而無效消滅，於該緊急命令廢止後，即回復其原有之效力，故不生適用之問題，僅有暫時停止之效。

二、成文法法源之位階

成文法之位階，依我國憲法規定之，依據憲法第 171 條之規定，法律與憲法牴觸者無效。另依憲法第 172 條之規定，命令與憲法或法律牴觸者無效。由此可見，憲法為最高位階，法律次之，而後為命令。

至於自治規章之位階，因自治規章係基於國家法律授權而制定，故其位階應然低於憲法、法律及命令。此外，因地方自治團體有不同層級，下級地方自治團體之自治規章，自亦不得牴觸上級地方自治團體之自治規章，始能維持法律秩序之統一。依據地方制度法第 30 條第 1 項之規定：「自治條例與憲法、法律或基於法律授權之法規或上級自治團體自治條例牴觸者，無效。」同條第 2 項：「自治規則與憲法、法律、基於法律授權之法規、上級自治團體自治條例或該自治團體自治條例牴觸者，無效。」即可得出上述之結論。

綜上所述，成文法源之位階，以憲法最高，法律次之，而後命令，最末為自治規章及自治規則，且下級規章、規則，亦不得牴觸上級機關之規章、規則，始為符合法源位階之理論。

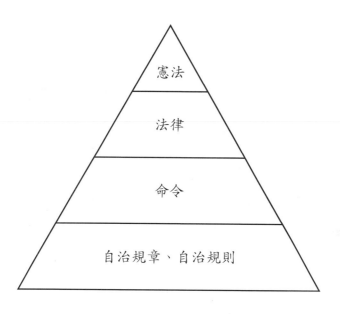

三、不成文法法源之位階

於成文法之位階中，除法規命令外，皆有成立習慣法之可能，故位階亦應同於該成文法之位階。因此，不僅有制定法位階之「習慣法」，亦有可能有憲法位階之「憲法習慣法」，或自治規章位階之「地方習慣法」。於成文法源與不成文法源法規範衝突時，亦應依循位階決定其效力順序，具有憲法位階之「憲法習慣法」效力優於制定法位階之「習慣法」，而制定法位階之「習慣法」效力優於自治規章位階之「地方習慣法」。中央法規命令之效力，則優於地方習慣法。

四、不同位階法源之適用

法源位階之設定，為法規範之「效力優先順序」，而非法規範之「適用順序」。較低位階之法規範通常規定內容較為詳細。因此，就具體事件適用法規範時，若有低位階之法規範應先於高位階適用。舉例而言，在有制定法可供適用時，不得逕行援用憲法，僅於法律欠缺規定或有疏漏時，始得適用憲法規定。

五、同位階法源之適用

同位階之法源因無位階上之差別，故於衝突時無從決定其效力順序，然於學說及實務上發展出「牴觸法規則」解決此一窘境，於適用上退讓之法規並不因此而當然無效。牴觸法規則，包括「後法優於前法」及「特別法優於普通法」。

所謂「新法優於舊法」，又稱「後法優於前法」，依據中央法規標準法第 17 條之規定：「法規對某一事項規定適用或準用其他法規之規定者，其他法規修正後，適用或準用修正後之法規。」另依同法第 18 條之規定：「各機關受理人民聲請許可案件適用法規時，除依其性質應適用行為時之法規外，如在處理程序終結前，據以准許之法規有變更者，適用新法規。但舊法規有利於當事人而新法規未廢除或禁止所聲請之事項者，適用舊法規。」由上述可見，衝突時原則上新法優於舊法，但若舊法有利於當事人者，例外優先於新法適用。

另「特別法優於普通法」者，依據中央法規標準法第 16 條之規定：「法規對其他法規所規定之同一事項而為特別之規定者，應優先適用之。其他法規修正後，仍應優先適用。」

綜上所述，同位階之法源遇有衝突時，應依「特別法優於普通法」、「新法優於舊法」之原則適用之，例外如舊法較有利於當事人者，才改以舊法規優先適用。

第二章

行政法一般
原理原則

第一節　依法行政

壹、概　說

一、依法行政原則之內涵

若以權力分立之角度觀察，依法行政原則，係一種劃分立法權與行政權界線之方法，進而達到限制行政權行使及保障人民基本權利之目的。司法院釋字第 614 號解釋文稱：「憲法上之法律保留原則乃現代法治國原則之具體表現，不僅規範國家與人民之關係，亦涉及行政、立法兩權之權限分配。」依法行政之內涵，雖因時代與國度之不同而有所變化，惟務求依循客觀標準，避免個人主觀意志之統治，以保障人民權利之目的不受破壞。

行政程序法第 4 條：「行政行為應受法律及一般法律原則之拘束。」依法行政係要求行政應受立法者所制定法律之拘束，該概念之論述，向來將依法行政原則區分為「法律優位原則❶」（又稱消極之依法行政）及「法律保留原則」（又稱積極之依法行政）二項子原則。

二、依法行政原則之「法」之意義

在正式進入依法行政原則之討論前，應先釐清二個問題：首先，依法行政之「法」究竟所指為何？依法行政原則為法治國原則之下位概念，主要在於避免行政權恣意行使而侵害人民權利，認為行政權須受到民意機關之監督，意指須受到法之監督。循此脈絡，依法行政之「法」，並非侷限於形式意義之法律❷，尚包含實質意義之行政命令。行政命令雖為行政機關

---

❶ 有稱為「法律優位原則」、「法律優先原則」或「法律優越原則」者。本文一律使用法律優位原則，在此一併說明。

❷ 依憲法第 170 條：「本憲法所稱之法律，謂經立法院通過，總統公布之法律。」

制定，然合法之法規命令❸，乃源自於立法者授權制定，具有間接民意基礎。是以，依法行政原則更精準應稱為「依法規行政原則」❹。

再者，依法行政之「法」是否包括地方議會制定的法律？筆者以為，從垂直權力分立制度的建構下，地方自治團體應享有獨立的自主立法權，如此才符合地方自治之精神。按地方制度法第 28 條規定：「下列事項以自治條例定之：一、法律或自治條例規定應經地方立法機關議決者。二、創設、剝奪或限制地方自治團體居民之權利義務者。三、關於地方自治團體及所營事業機構之組織者。四、其他重要事項，經地方立法機關議決應以自治條例定之者。」及第 26 條第 2 項規定：「直轄市法規、縣（市）規章就違反地方自治事項之行政業務者，得規定處以罰鍰或其他種類之行政罰。但法律另有規定者，不在此限。其為罰鍰之處罰，逾期不繳納者，得依相關法律移送強制執行。」單純從地方制度法的規定作觀察，似乎僅能觀察到其中一個面向；另一方面，再從司法院釋字第 38 號及第 277 號解釋意旨作觀察，似乎將導出絕非禁止自治條例作為規範限制人民基本權利的結論，但更深層的問題是，地方自治團體立法權運作的界線範圍。筆者在此所持的基本立場是，地方議會制定之自治條例得被理解為依法行政之「法」，且得作為限制人民基本權利之基礎，但前提是地方議會所制定之法必須不違反憲法有關中央地方權限分配規定及地方制度法之相關規定❺。

即形式意義之法律。

❸ 行政程序法第 150 條第 1 項：「本法所稱法規命令，係指行政機關基於法律授權，對多數不特定人民就一般事項所作抽象之對外發生法律效果之規定。」

❹ 我國通說認為依法行政之法，並非形式意義之法律，故將依法行政解釋為「依法規行政」而非「依法律行政」。

❺ 關於自治條例可否限制人民自由之問題，參見：陳敏，《行政法總論》，第 8 版，2013 年 9 月，第 163 頁；吳庚，《行政法之理論與實用》，增訂 13 版，2015 年 2 月，第 95 頁以下。

貳、法律優位原則

一、法律優位原則之內涵

法律優位原則，係指行政機關所為之行政行為不得牴觸憲法或法律。將法體系主要分為三階層，憲法為最上位規範，法律為次之，命令為下，據此建構出「法規範位階」。由於法律優位原則之意義，僅要求一切行政活動不得違反上位階之規範，故又稱「消極之依法行政」。

(一)法規範位階之確立

法律優位原則，要求一切行政活動不得違反上位階之規範。欲判斷是否違反上位階規範之前提，應先確立法規範位階。從憲法之角度出發，憲法第 171 條第 1 項：「法律與憲法牴觸者無效。」憲法第 172 條：「命令與憲法或法律牴觸者無效。」中央法規標準法第 11 條：「法律不得牴觸憲法，命令不得牴觸憲法或法律，下級機關訂定之命令不得牴觸上級機關之命令。」由此可知，憲法位於最上位之概念，具有最高性，法律與命令皆不得牴觸之；其次法律位於中間地位，低於憲法而高於命令，故命令不得牴觸法律；而上級機關之命令高於下級機關之命令。法律雖在特定情形下得授權行政機關發布命令，此類命令具有補充法律之效力，但終究係行政部門之行為，仍應受法律優位之限制，不能認為有法律授權，即不生牴觸上位規範之問題。

(二)行政法規範間之位階順序

由於行政權領域範圍相當廣泛，有關日常生活食、衣、住、行、育、樂，皆有行政權之蹤跡，因此有關之行政法亦相當繁雜，在適用、解釋上常會發生競合、衝突，導致無所適從，因此，有必要就各種行政法規範間之位階秩序進行說明❻。

1.不同位階規範間之順序（垂直）

　　中央法規標準法第 11 條：「法律不得牴觸憲法，命令不得牴觸憲法或法律，下級機關訂定之命令不得牴觸上級機關之命令。」憲法第 125 條：「縣單行規章，與國家法律或省法規牴觸者無效。」由此可知，下級機關不得牴觸上級機關之命令；地方自治團體規章不得牴觸中央之法律。

2.相同位階規範間之秩序（水平）

　　相同位階規範間若發生適用衝突時，應適用何者？適用順序上，應考慮不同法規範之間是否存在特別──普通關係，若是，則特別法應優先適用。規範間不存在特別──普通關係者，應以後法優於前法原則，適用後面的法律，畢竟後法是較接近立法者最新的意志之法，故應先適用後法。

　　而關於條約與法律有所衝突時，條約效力是否高於內國法律，應如何適用？學說上有爭議，因國際法在國內法領域中，不得直接被適用或遵行，必須經過「轉換」，始得在國內適用或遵行。因此條約法須轉換後始得在國內適用，至於如何轉換，各國法制不一。依據我國憲法規定，條約若由總統代表國家締結時，則該條約應先經立法院之同意。此項同意即具有將條約轉換為國內法領域之功能。司法院釋字第 329 號解釋理由書：「總統依憲法之規定，行使締結條約之權；行政院院長、各部會首長，須將應行提出於立法院之條約案提出於行政院會議議決之；立法院有議決條約案之權，憲法第 38 條、第 58 條第 2 項、第 63 條分別定有明文。依上述規定所締結之條約，其位階同於法律。」此時若條約與內國法有所牴觸時，應如何適用？既已將條約轉換為我國法體系之一，應遵守一般法律適用之原則，即後法優先於前法之規定。

---

❻ 參見：蔡志方，〈論行政法上之法規競合及其處理〉，《萬國法律》，第 126 期，2002 年 12 月，第 86–99 頁。

二、法律優位原則於私經濟行政之適用

法律優位原則既在確保行政之合法性，是以，不管是干涉行政或是給付行政，所有之行政行為原則上自應遵守法律優位原則，惟在學理與實務上，行政機關所為之私法行為，是否須全盤受法律之拘束，並非毫無爭議。

最高行政法院 97 年裁字第 1563 號裁定謂：「行政權基於其主動性、積極性，對行政目的之實現本有手段選擇自由，其中以私法手段實現者之『行政私法』，與同為私法性質的『行政營利行為』與『行政補助行為』共同構成所謂『國庫行政』。」至於國庫行政之各種樣態是否均須遵守法律保留原則，尚待進一步觀察：

㈠行政輔助行為

按最高行政法院 95 年判字第 1996 號判決稱：「行政機關為推行行政事務，常以私法行為之方式取得所需要的物質或勞務上之支援，學理上稱之為『行政輔助行為』，屬於行政私法（國庫行政、私經濟行政）範疇⋯⋯。」因其僅間接有助於行政目的之達成，而非直接履行行政任務，故僅依私法自治與契約自由之原則，不受公法拘束。

㈡行政營利行為

行政營利行為屬私經濟活動型態之一，其目的係以營利為目標。按最高行政法院 97 年裁字第 1563 號裁定謂：「設立營利事業、從事營利活動，以增加國家財政資源，即屬『行政營利行為』之重要類型。」此時，行政之地位與一般私人無異，除適用私法自治原則外，依據市場法則運作，並適用相關民法規定，不受公法拘束。

㈢行政私法行為

專指借助私法手段直接對人民履行公共任務之行為，主要目的在達成特定之公共目的❼。此種行為雖以私法手段呈現，惟其目的與一般公法上

之行政行為無異，為避免造成公法遁入私法之弊端或行政機關藉此規避所應遵守之原則，行政私法行為須受公法及行政法一般原則之拘束。

參、法律保留原則

一、法律保留原則之內涵

法律保留原則，係指特定國家事務應保留由立法者以法律的形式為之，行政權應依法律規定始能為行政行為。簡言之，若法律未規定或未授權行政機關時，行政機關不得逕為限制人民之權利，此與法律優位不同，不再只是消極要求不違反法律，而係於法律未規定時，亦不得積極侵害人民權利，故又稱「積極之依法行政」。

二、法律保留原則之憲法依據

我國憲法並無明文規定法律保留原則，但經由一般憲法基本原則以及基本權利保障的憲法解釋，亦可推導出法律保留原則於憲法上之依據。

㈠民主原則

按憲法第 1 條：「中華民國基於三民主義，為民有、民治、民享之民主共和國。」及第 2 條：「中華民國之主權屬於國民全體。」可知，我國採民主主義，民主原則即要求只有經人民選舉、具有直接民主合法性的議會才能對國家整體利益做出重大決定，特別是發布一般性、對人民具有拘束力的

---

❼ 司法院釋字第 540 號解釋理由書：「主管機關直接興建及分配之住宅，先由有承購、承租或貸款需求者，向主管機關提出申請，經主管機關認定其申請合於法定要件，再由主管機關與申請人訂立私法上之買賣、租賃或借貸契約。此等契約係為推行社會福利並照顧收入較低國民生活之行政目的，所採之私經濟措施，並無若何之權力服從關係。」

行為規範❽。

(二)法治國家原則

法治國家原則要求國家和人民之間的關係應受一般法律的調整，該一般法律不僅使行政活動得以確定，而使人民可以預見行政作用，並得以因應❾。

(三)基本權利之保障

依憲法第 23 條：「以上各條列舉之自由權利，除為防止妨礙他人自由、避免緊急危難、維持社會秩序或增進公共利益所必要者外，不得以法律限制之。」基本權利，係指由憲法作為必要權利而予以保障之人民權利，具有主觀公權利與客觀規範功能，對一切國家權力具有直接拘束力，只有代表人民之民意代表，方能根據憲法制定法律限制之。

三、法律保留原則之適用範圍與密度

行政行為須有法律之授權，方符合法律保留原則。然而，是否所有之行政行為皆須有法律保留？換言之，當判斷該行為是否符合法律保留，前提要件為該行政行為須有法律預先作出規定。若該行政行為本無須法律保留者，即毋庸後續之判斷過程。

相關與法律保留有關之學說，包括：

(一)侵害保留說

傳統學說以為法律保留原則適用範圍僅限於干涉行政。換言之，指在

---

❽ 參見：翁岳生，《行政法（上）》，2006 年，第 151 頁。

❾ 司法院釋字第 514 號解釋理由書：「少年福利法、兒童福利法就相關事項已制定法律加以規範（少年福利法第 19 條、第 26 條第 2 項，兒童福利法第 33 條、第 47 條第 2 項參照），主管機關尤不得沿用其未獲法律授權所發布之命令，蓋此為法治國家依法行政之基本要求。」

行政行為侵害人民之自由權或財產權時，須有法律依據，應遵循法律保留原則，其餘部分則無法律保留原則之適用。批評侵害保留說最主要的理由，係依侵害保留說而言，「給付行政」無須法律保留，因為國家從事給付行為，並不會導致侵害權利的結果。惟對人民而言，是否獲得給付往往具有重大影響，與干涉行政具有同等重要性，故完全將給付行政排除在法律保留之外，仍有保障不足之疑。

㈡全面保留說

全面保留說源自於民主原則，認為一切國家行為皆源自於人民，故任何行政行為，不問性質、內容為何，皆應受到代表人民之立法者之意思支配，從而所有行政行為均須有法律依據，始得為之。簡言之，沒有法律，就沒有行政行為。惟議會的直接民主正當性，不代表議會對於所有事務具有獨占權，況且我國總統由人民直接選舉產生，使行政權亦具有相當之民主正當性，故主張所有事務均須法律保留，並非恰當。再者，行政事務無所不在，難以期待立法者鉅細靡遺的立法。因此，貫徹全面保留說之結果，不是留下無數的立法漏洞，就是行政效率的喪失，最終受害的終究是人民的權益。

㈢重要性理論

此說既不認為法律保留原則僅侷限於干涉行政，亦不認為所有行政行為均須有法律上之依據，而係以所謂「重要事項」概念，作為確認法律保留範圍之準據；其旨略以：凡屬國家重要事項，尤其是涉及人民基本權利之實現與行使之事項，皆須由有直接民主基礎之國會以法律定之[10]。從而，司法院釋字第 443 號解釋理由書[11]中以此理論為基礎，重新建立一套我國

---

[10] 憲法第 63 條：「立法院有議決法律案、預算案、戒嚴案、大赦案、宣戰案、媾和案、條約案及國家其他重要事項之權。」

[11] 司法院釋字第 443 號解釋理由書：「憲法所定人民之自由及權利範圍甚廣，凡不

專有的「層級化保留體系」。按此解釋意旨，層級化保留體系略分為：

1. 憲法保留

人身自由乃憲法保留之範疇，縱係立法機關亦不得制定法律而遽予剝奪。人身自由乃之人民行使其憲法上各項自由權利所不可或缺之前提，憲法第 8 條第 1 項規定所稱「法定程序」，係指凡限制人民身體自由之處置，不問其是否屬於刑事被告之身分，除須有法律之依據外，尚須分別踐行必要之司法程序或其他正當法律程序，始得為之❷。

2. 絕對法律保留

絕對法律保留，又稱「國會保留」或「嚴格的法律保留」。要求立法者就特定事務無論如何必須「親自」以法律決定，不得委由行政機關制定規範。諸如剝奪人民生命或限制人民身體自由者，應由立法者自己決定，不得授權行政機關以法規命令限制之。

妨害社會秩序公共利益者，均受保障。惟並非一切自由及權利均無分軒輊受憲法無差別之保障；關於人民身體之自由，憲法第 8 條規定即較為詳盡，其中內容屬於憲法保留之事項者，縱令立法機關，亦不得制定法律加以限制……，而憲法第 7 條、第 9 條至第 18 條、第 21 條及第 22 條之各種自由及權利，則於符合憲法第 23 條之條件下，得以法律限制之。至何種事項應以法律之規範或得委由命令予以規定，與所謂規範密度有關，應視規範對象、內容或法益本身及其所限制之輕重而容許合理之差異：諸如剝奪人民生命或限制人民身體自由者，必須遵守罪刑法定主義，以制定法律之方式為之；涉及人民其他自由權利之限制者，亦應由法律加以規定，如以法律授權主管機關發布命令為補充規定時，其授權應符合具體明確之原則；若僅屬與執行法律之細節性、技術性次要事項，則得由主管機關發布命令為必要之規範，雖因而對人民產生不便或輕微影響，尚非憲法所不許。又關於給付行政措施，其受法律規範之密度，自較限制人民權益者寬鬆，倘涉及公共利益之重大事項者，應有法律或法律授權之命令為依據之必要，乃屬當然。」

❷ 參見司法院釋字第 384 號、第 588 號解釋。

3. 相對法律保留

　　涉及人民其他自由權利之限制者，亦應由法律加以規定，只是此類情況並不禁止立法者透過法律授權行政機關制定命令，以作為限制人民權利之基礎。如以法律授權主管機關發布命令為補充規定時，其授權應符合明確性原則。以司法院釋字第 443 號解釋之案件背景為例，雖然憲法第 20 條規定，人民有依法律服兵役之義務，但憲法第 10 條亦規定人民有居住遷徙自由，問題就在於，未完成服役之人民得否享有完整居住遷徙自由的保障？詳言之，國家可否為確保人民履行服役義務，進而限制未完成服役之人民之居住遷徙自由？按該號解釋理由書，先對涉及之權利（居住遷徙自由）與義務（服兵役）之內涵作解釋：「憲法第 10 條規定人民有居住及遷徙之自由，係指人民有選擇其居住處所，營私人生活不受干預之自由，且有得依個人意願自由遷徙或旅居各地之權利。對此人民自由權利之限制，憲法第 23 條規定應以法律定之且不得逾越必要之程度。又憲法第 20 條規定，人民有依法律服兵役之義務，*係指有關人民服兵役之重要事項均應以法律或法律明確授權之命令予以規定*。」嗣後認定：「兵役法及兵役法施行法並無任何限制役男出境之條款，且兵役法施行法第 45 條僅授權行政院訂定徵兵規則，對性質上屬於限制人民遷徙自由之役男出境限制事項，並未設有任何具體明確授權行政機關訂定之明文，更無行政院得委由內政部訂定辦法之規定。」以對人民自由權利有所重大限制，但該辦法欠缺其法律授權明確性，故宣告違憲，屆期失其效力；至於服兵役之義務與居住遷徙之自由孰輕孰重，自因該辦法失效、再無限制，未再加以討論。

　　除涉及干預人民自由權利事項外，涉及與公共利益有關重大事項之給付行政措施，自應有法律或法律授權之命令為依據之必要，例如：社會保險相關法制之給付標準均應符合相對保留之要求。

4. 無須法律保留

行政機關對於若干事務<u>無須法律授權</u>即可制定抽象規範。詳言之，行政者若為執行法律的細節性、技術性事項，制定抽象規範，則無須法律授權即可為之。

(四)功能最適理論

功能最適理論嘗試操作以下標準作為解決法律保留問題之標準：若某一事項適合交由行政權處理，則該事項即非屬法律保留的範圍；反之，若某一事項適合交由立法權處理，該事項則屬法律保留範疇。惟事務並非單純一分為二，亦有事務屬於權力共享者。劃分事務是否屬於法律保留範疇，重點在於該事務之處理交給立法權以法律方式為之，是否能達到「<u>最佳化</u>」境地。

基於此一想法，事務是否屬於法律保留範疇，應判斷該事務是否適合由立法來處理，判斷前提在於是否已經釐清立法權適合處理哪些事務？這當然得先掌握立法權與行政權之特性，從組織結構上觀察，立法權具備廣泛、普遍的民意基礎，與多元化的人事與政治組合，而行政權則為層層分工監督的科層體制，具備高度專業技術之能力；在程序結構上，立法權須履踐繁複、細膩的討論程序，且程序公開透明，可幫助選民個人意見的形成，而行政權則較屬由單獨一人決定之首長制，程序內容較為不公開，容易有黑箱作業之詬病。另立法程序尚有一個重要特徵是反對黨的參與，藉由議會政黨間的相互詰難，有助於提升決議內容的實質正當性。此些特徵使得立法權特別適宜處理政治性爭議高的事務，蓋爭議愈高，愈須匯集及確認全體人民的共識支持；又或者愈與人民基本權利相關之事務，愈應讓全體人民都能參與決定。

	立法權	行政權
組織結構	廣泛普遍的民意基礎、多元化人事與政治組合	層層分立監督之科層制,具高度專業性
程序結構	須履行繁複討論程序,程序公開透明	依據行政行為屬性適用程序規定
反對意見之有無	有反對黨之參與,提升決議之實質正當性	依據行政程序法規定實施聽證程序、給予當事人或利害關係人陳述意見之機關

四、法律保留與授權明確性原則

　　相對法律保留範圍內,雖允許立法者授權行政機關發布法規命令,但立法者不得任意授權,毋寧須符合一定之要求,如授權之目的、內容及範圍必須具體明確,及授權明確性原則❸。依臺灣新北地方法院 102 年簡字第 112 號判決:「主管機關基於上開法律授權所為之細節性、技術性及執行性規定,其並未牴觸逾越母法,規定亦屬明確且無違反法律保留者,主管機關據以適用,於法自無不合❹。」可知,立法者得授權行政機關發布法規

---

❸ 按司法院釋字第 522 號解釋文:「對證券負責人及業務人員違反其業務上禁止、停止或限制命令之行為科處刑罰,涉及人民權利之限制,其刑罰之構成要件,應由法律定之;若法律就其構成要件,授權以命令為補充規定者,其授權之目的、內容及範圍應具體明確,而自授權之法律規定中得預見其行為之可罰,方符刑罰明確性原則。」

❹ 臺灣新北地方法院 102 年簡字第 112 號判決裁判要旨:「按消防法第 15 條第 2 項已明文就具體就所欲規範之公共危險物品及可燃性高壓氣體之範圍、分類、製造、儲存或處理場所之位置、構造及設備之設置標準,儲存、處理及搬運之安全管理辦法,授權由中央主管機關會同中央目的事業主管機關定之。是以主管機關基於上開法律授權所為之細節性、技術性及執行性規定,其並未牴觸逾越母法,規定亦屬明確且無違反法律保留者,主管機關據以適用,於法自無不合。次按營業人進行營運時,當視營運需求尋合法之管道為適法之營業,若其徒以個人經營所未能慮及之經濟成本效應,率言主管機關嚴格執行法令規定,

命令，並其授權必須符合具體明確之要求，則行政機關於不逾越母法之範圍內，自不違反法律保留原則❶。

● 五、法律保留原則於我國之適用

㈠法律保留於干涉行政之適用問題

法律保留原則之目的，主要係基於個人基本權利保護，凡涉及基本權利之「直接」❻干涉，不問干涉程度之輕重、亦不問受干涉之對象，皆須有法律保留之依據，始得為之。傳統上認為特別權力關係，如國家與公務員、軍人、學生、受刑人等之間並無法律保留適用。惟基於人權保障，此概念早已受到突破，我國實務上早已認為某些身分雖與國家具有特殊關係，然關於其權利之限制，仍應受到法律保留之限制❼。

㈡法律保留於給付行政之適用問題

法律保留原則之適用範圍，最具爭議者，莫過於給付行政之事項，究竟給付行政是否要有法律保留之適用？早期採否定立場，認為給付行政原則上不受法律保留原則之拘束，行政機關所為各種授益處分，只要有經國會通過之法定預算或國會其他之授權表示，即足以為之。

則業者必定因此而無法經營，致有影響人民生存權及工作權者，即難採認。」

❶ 司法院釋字第 734 號解釋亦執同一見解。

❻ 若規範存在是作為干涉人民基本權利者，無論干涉程度高低皆須符合法律保留要求；若基本權利之干涉肇因於執行法律，間接所導致之輕微影響，則無須法律保留。

❼ 人民無論身居何處，縱使是監獄、軍營等，只要其權利受到公權力之干涉，即可訴諸於法律保留原則。至於其權利內容或應受較嚴格之限制，屬法律內容實質合憲性之問題，非據此而排除法律保留原則之適用。實務上有許多關於特別權力突破之釋字，得參考司法院釋字 720、717、707、704、691、681、684、382 號解釋等。

實務目前傾向以「重要性理論」作為標準，主張給付行政是否應有法律上之依據或授權，取決於給付是否攸關基本權利之行使或屬重要之事項。司法院釋字第 614 號解釋：「給付行政措施如未限制人民之自由權利，故尚難謂與憲法第 23 條規定之限制人民基本權利之法律保留原則有違，惟如涉及公共利益或實現人民基本權利之保障等重大事項者，原則上仍應有法律或法律明確授權之依據，主管機關始得據以訂定法規命令。」司法院釋字第 707 號解釋理由書稱：「基於憲法上法律保留原則，政府之行政措施雖未限制人民之自由權利，但如涉及公共利益或實現人民基本權利之保障等重大事項者，原則上仍應有法律或法律明確之授權為依據，主管機關始得據以訂定法規命令。」根據上述解釋意旨，大法官以為給付行政亦有法律保留原則之適用，且以「涉及公共利益之重大事項者」或「實現人民基本權利之保障之重大事項」為條件。由此可知，給付行政之實施，例外仍有非以法律或法律授權之命令為依據之空間。

㈢法律保留於行政組織及程序之適用問題

法律保留原則乃現代法治國家原則之體現，不僅規範國家與人民間之實體關係，於行政組織及行政程序亦有適用，一般稱之為「組織法定原則」。據以，行政組織之存廢、基本結構、程序等事項，原則上亦須有形式意義之法律予以規範。按憲法增修條文第 3 條第 3 項：「國家機關之職權、設立程序及總員額，得以法律為準則性之規定。」機關組織及程序須有法律之依據，非謂立法機關必須就此等事項作鉅細靡遺之規範。關於國家機關之職權、設立程序及總員額，立法機關得以法律為準則性之規定，並授權行政機關以命令定之。

肆、依法行政原則之審查及法律效果

雖然行政程序法中並無「依法行政」之直接規定，故須進一步說明行政程序法第 4 條規定之「一般法律原則」之意涵。按通說之見解，所謂一般法律原則包括依法行政原則及其他相關原則，只是在行政程序法中已經將若干特定原則予以明文，例如：明確性原則、平等原則、比例原則等。未被明文化之行政法原則皆可被涵攝在第 4 條所稱之「一般法律原則」概念下，例如：依法行政原則、公益原則、效能原則等。爰此，蓋行政行為違反依法行政原則——尤其是違反法律保留原則時，該行政行為乃違反行政程序法第 4 條規定，行政行為相對人得據此主張行政行為違法，提起後續救濟程序❶⑧。

---

❶⑧ 參見：陳慈陽，〈依法行政原則〉，陳慈陽主編，《行政法實例研習》，第 2 版，2014 年 8 月，第 22 頁。

第二節　明確性原則

壹、源　起

探討明確性原則，應由法治國原則理念出發。法治國原則核心思想主要是以法律作為治理國家之基礎；明確性原則乃法治國原則的基本要求，無論是法律、命令❶及個別行政行為，均須充分明確。詳言之，明確性原則運用的範圍包括：法律的「可預見性」與法律效果的「可測量性」❷。以法律來規範國家行為，使得人民能夠預見自己的權利及義務，尤其能預見行為在違反法規範之後果，將有助於達到安定法秩序之功效，即所謂「法確定性原則」的實踐❸。法治國係建立在社會共同體所同意的「客觀法秩序」，而非統治者個人的「主觀個人意志」之上；客觀法秩序須以人民可預見之法律規範內容及其法律效果為必要，此種可預見性以具體而有民主正當性的法律條文為基石。

前述法理依據的說明，可以清楚地在司法院釋字第 636 號解釋中找到直接且明顯的證據，大法官於該號解釋理由書中清楚揭示：「基於法治國原則，以法律限制人民權利，其構成要件應符合法律明確性原則，使受規範者可能遇見其行為之法律效果，以確保法律預先告知之功能，並使執法之準據明確，以保障規範目的之實現。」由此可知大法官認為法律明確性原則

---

❶ 包括法規範中的「構成要件」及「法律效果」。

❷ K.-P Sommermann, in: v. Mangoldt/Klein/Starck(Hg.), GG II,2000, Art. 20, Rn. 279; Moris Lehner, Zur Bestimmtheit von Rechtsnormen-am Beispiel einer Entscheidung desÖsterreichischen VerfGH, NJW 1991, S. 892–893.

❸ 參見：陳新民，《行政法》，第 3 版，2013 年 1 月，第 35–36 頁。

的憲法依據是法治國原則，目的則在「確保法律預先告知之功能，使受規範者得以預見其行為之法律後果」，另一功能則在「使執法準據明確，以保障規範目的之實現」。

貳、明確性原則之運用

針對不同的國家行為方式，明確性原則的作用方式亦有所差異。對立法權而言，可以從兩個面向來理解明確性原則的功能：首先，法律明確性原則要求立法者制定法律規範時必須用語明確，且達一般人皆可瞭解之程度；其次，倘若立法者對於所須規範之社會事實，欲授權行政機關以制定命令的方式，使法律更具體明確，則須符合授權明確性原則的要求。對行政權而言，在依法行政的大前提下，行政機關有義務合法行使國家權力❷，亦即，所有行政行為須符合明確性原則之要求。詳言之，包括行政處分、行政契約、法規命令、行政規則、行政計畫、行政指導及陳情處理的內容皆應明確。

明確性原則雖然針對不同的權力發生不同拘束效果，但就作用效果而言，直接目的是使人民可理解法律的內容並可預見其行為的法律效果，對自己的行為知所適從；間接目的在於防止公權力濫用，將不明確的法律規範作為行為準據。總括而言，針對不同的國家權力樣態，發展出不同的明確性標準應是必然的結果，例如：法規範本身具有一般——抽象的特徵，對人民權利限制之程度與透過行政處分直接對人民權利產生影響應有所差異，故二者明確性要求即應有所區別。

---

❷ 參見：蕭文生，〈行政處分明確性之要求——評最高行政法院九十四年度判字第二〇一五號判決及最高行政法院九十八年度判字第一一三二號判決〉，《月旦法學雜誌》，第 184 期，2010 年 9 月，第 209 頁。

參、法律明確性

一、概　說

細察司法院釋字第 432 號解釋本文中謂：「法律明確性之要求，非僅指法律文義具體詳盡之體例而言，立法者於立法定制時，仍得衡酌法律所規範生活事實之複雜性及適用於個案之妥當性，從立法上適當運用不確定法律概念或概括條款而為相應之規定。有關專門職業人員行為準則及懲戒之立法使用抽象概念者，苟其意義非難以理解，且為受規範者所得預見，並可經由司法審查加以確認，即不得謂與前揭原則相違。」其中，「意義非難以理解」且「為受規範者所得預見」並「可經由司法審查加以確認」，從「且」及「並」的連接詞觀之，可得知受審查標準的法律概念必須同時具備此三項要件，始符合法律明確性。因此法律明確性可被理解為：要求法律應具體明確，使受規範者得以認識其受法律規制的範圍及其法律地位，據此選擇作為或不作為[23]。

司法院釋字第 432 號解釋文出現前，大法官在解釋中並未提及法律明確性，而是使用「具體明確」一詞。其標準並非審查法律用語是否明確，而是針對法律構成要件或法律效果為詳細、完整的規範審查，使人民行為具有預見可能性。例如：司法院釋字第 276 號解釋理由書中謂：「合作社法……之解散命令，乃解散合作社，消滅其法人人格之處分。對於此種處分之『要件及程序』如何，該法『未為明確』之規定……。」司法院釋字第 409 號解釋理由書中謂：「徵收土地對人民財產權發生嚴重影響，舉凡徵收土地之各項要件及應踐行之程序，法律規定應不厭其詳……。土地法第

---

[23] Hans-Jürgen Papier/Johannes Möller, Das Bestimmtheitsgebot und seine Durchsetzung, AöR 122/1997, S. 184.

208 條各款用語『有欠具體明確』，徵收程序之規定亦不盡周全……」等。

● 二、法律明確性之審查標準

㈠可預見標準之擇定

1.一般人標準或專業人士標準

司法院釋字第 623 號解釋理由書稱:「其意義依其文義及該法之立法目的解釋，並非一般人難以理解。」司法院釋字第 689 號解釋理由書謂:「系爭規定之意義及適用範圍，依據一般人民日常生活與語言經驗，均非受規範者所難以理解。」司法院釋字第 697 號解釋理由書云:「立法使用不確定法律概念或其他抽象概念者，苟其意義非難以理解，且為受規範者所得預見。」此三號司法院解釋似採一般人可以理解的標準。

惟於其他司法院解釋❷❹中，卻發現大法官將「意義非難以理解」之要件，理解為: 如法律規定之意義，自立法目的與法體系整體關聯性觀點非難以理解。蓋一般非專業人士如何有能力從立法目的與法體系整體關聯性觀點理解法律規定的意義? 雖然大法官先表明「如法律規定之意義，自立法目的與法體系整體關聯性觀點非難以理解」，但下又緊接「且個案事實是否屬於法律所欲規範之對象，為一般受規範者所得預見」，故有論者認為，大法官仍採一般人的標準。但因為絕大部份法律都具一定程度的法律專業性，大法官擔憂第一審查標準「意義非難以理解」若採一般人可理解之程度，可能不符合法律明確性之要求，因此才設計出第二審查要件:「審查個案事實是否屬於法律所欲規範之對象，為一般受規範者所得預見」採一般人可理解之程度。依此推論，似乎可以刪除「意義非難以理解」之要件，獨留「審查個案事實是否屬於法律所欲規範之對象，為一般受規範者所得預見」❷❺。

❷❹ 詳參閱司法院釋字第 594 號、617 號、690 號解釋理由書。

針對專業人士規範的專業法律當然免不了會使用各該專業領域的專業用語，所以專業法律用語只要能為所規範之專業人士理解、預見，即使不為一般人民所理解、預見，仍可滿足明確性之要求**㉖**。

2. 明確性程度

有關明確性的程度與範圍並沒有一定標準，一般而言，給付行政中之明確性要求較干涉行政之要求為弱**㉗**；當法規範對於當事人基本權益影響程度越大，明確性程度之要求應越高，尤其涉及刑罰的課處時，則應受特別嚴格之審查，立法者有義務制定讓受規範者能明確理解的法律規範**㉘**。

英國法官 Lord Morris 在 1972 年 Knuller v. DPP 一案提出薄冰原則：「任何人在薄冰上溜冰，不能指望每個可能落水的地點上，都精確地插著一支警告牌**㉙**。」表示在現實生活中，立法者不可能對於任何事件都以明確法律訂定之，法律只要能指出那些行為已經進入「薄冰區」，使受規範者合理避開或預見其所從事的活動具有違法的風險，得以預見行為有受處罰的

㉕ 參見：許宗力，〈論法律明確性之審查：從司法院釋字相關解釋談起〉，《國立臺灣大學法學論叢》，第 41 卷第 4 期，2012 年 12 月，第 1696 頁。

㉖ 許宗力，前揭文，第 1703 頁；司法院釋字第 636 號解釋林子儀大法官、許宗力大法官部分協同意見書第 7 頁；李震山，《行政法導論》，第 10 版，2012 年 9 月，第 278 頁。另有其他論者認為，不為一般人民理解、預見，仍可滿足明確性之要求，此種見解背離其自身提出之標準，也偏離了法律明確性原則保護人民基本權利的核心價值，請參閱陳愛娥，〈如何明確適用「法律明確性原則」？──評司法院釋字第五四五號解釋〉，《月旦法學雜誌》，第 88 期，2002 年 09 月，第 251 頁。

㉗ BVerfGE48, 210.

㉘ BVerfGE48, 210/222; Hans-Jürgen Papier/Johannes Möller, Das Bestimmtheitsgebot und seine Durchsetzung, AöR 122/1997, S. 187–188.

㉙ "Those who skate in thin ice can hardly expect to find a sign which will denote the precise spot where they may fall in"Knuller v. DPP, [1973] A. C. 435 (HL).

風險為已足，便已盡告知義務，不以確信其行為之可罰為必要**㉚**。

㈡可由司法審查加以確認

可經由司法審查加以確認，係指可由法院藉一般法律解釋加以理解**㉛**。司法院釋字第 432 號解釋本文中提出法律明確原則三要件，在「可由司法審查加以確認」前須滿足「意義非難以理解」、「且為受規範者所得預見」，因此所謂可由司法審查係指法律本身必須足夠明確，以提供司法權審查行政行為的明確性，同時也是司法對人民提供有效權利救濟的前提**㉜**。此一審查標準之目的，係在強調人民權利之救濟，有賴司法審查，而司法審查之所以可能，則有賴於可受司法審查之法律的存在。

肆、法律授權明確性

一、概　說

法律授權明確性原則係從法律保留原則所派生之子原則，特別運用於「相對法律保留」事項。司法院釋字第 443 號解釋理由書中表示：「何種事項應以法律直接規範或得委由命令予以規定，與所謂規範密度有關，應視規範對象、內容或法益本身及其所受限制之輕重而容許合理之差異：諸如剝奪人民生命或限制人民身體自由者，必須遵守罪刑法定主義，以制定法律之方式為之；涉及人民其他自由權利之限制者，亦應由法律加以規定，如以法律授權主管機關發布命令為補充規定時，其授權應符合具體明確之

㉚ 許宗力，前揭文，第 1705 頁。

㉛ 有其他學者認為「可由司法審查加以確認」非法律具明確性之要件。詳參：司法院釋字第 636 號解釋，林子儀大法官、許宗力大法官部分協同意見書第 9 頁；陳愛娥，〈如何明確適用「法律明確性原則」？——評司法院釋字第五四五號解釋〉，《月旦法學雜誌》，第 88 期，2002 年 09 月，第 253 頁。

㉜ M. Sachs, in: M. Saches(Hg.), Grund gesetz, 2. Aulf., 1999, Art. 20, Rn. 126.。

原則。」如立法者並非自行以法律規定，而是以法律授權行政機關以發布命令之方式限制人民之自由權利時，因國會移轉法規制定權予行政機關，有違反權力分立之虞，因此該法律所規定之授權條款應具體明確，不能以空白授權之方式，以免行政機關脫離民主原則與法治原則的控制，恣意侵害人民自由權利。

授權條款是否明確，依司法院釋字第367號解釋意旨，其授權之目的應特定，授權內容應具體，授權範圍應明確，方符合授權明確性原則之要求。

二、法律授權明確性原則的限制

法律授權應採明白授權主義❸❸。法律授權主管機關依一定程序訂定法規命令以補充法律規定不足者，該機關即應予以遵守，自不得捨法規命令不用，而發布規範行政體系內部事項之行政規則或職權命令為之替代。同時，倘法律並無轉委任之授權，該機關即不得委由其所屬機關逕行發布相關規章❸❹。如未經法律具體明確授權❸❺，而逕行以行政命令限制人民之自由及權利，或對人民施以裁罰性行政處分之構成要件及法律效果，僅以法規命令或行政規則作為唯一的法源，自非「授權明確性原則」所許，違反法律保留。

行政程序法第150條第2項：「法規命令之內容應明列其法律授權之依據，並不得逾越法律授權之範圍與立法精神。」因此，頒布法規命令應具備

---

❸❸ 明白授權主義，係指法律對法規命令的授權已相當明確，事先將行政權力可能的濫用以法律控制，此種授權方式較為妥當及負責，請參閱陳新民，《行政法》，第3版，2013年1月，第153-154頁。

❸❹ 請參閱司法院釋字第524號解釋文。

❸❺ 參見：李惠宗，《行政法要義》，第6版，2012年9月，第95頁。

明確的法律基礎，及不能逾越授權範圍。

三、授權明確性的審查標準

授權明確性的程度並非一成不變，應依所涉及人民基本權利之嚴重程度，而有寬嚴之別，例如涉及刑罰之構成要件者，其授權之明確程度即應嚴格審查，授權之目的、內容與範圍均應明確標示於法律本身，使人民得以預見；如為行政罰之構成要件者，其授權之明確程度則相對寬鬆，毋須法律明文標示，僅需依一般解釋方法從法律整體之體系關聯與立法目的中推知授權目的，再由授權目的推論出授權內容與範圍，即可肯認符合授權明確性原則❸❻。

㈠刑罰制裁性之規定

司法院釋字第 522 號解釋理由書中：「刑罰法規關係人民生命、自由及財產權益至鉅，自應依循罪刑法定主義，以制定法律之方式為之，如法律授權主管機關發布命令為補充規定時，須自授權之法律規定中得預見其行為之可罰，方符刑罰明確性原則。對證券負責人及業務人員違反其業務上禁止、停止或限制命令之行為科處刑罰，關係人民權利之保障，依前所述，其可罰行為之類型固應在證券交易法中明文規定，惟法律若就犯罪構成要件，授權以命令為補充規定時，其授權之目的、內容與範圍即應具體明確，自授權之法律規定中得預見其行為之可罰，始符首開憲法意旨。」是以，若該法規命令涉及對人民施與刑事處罰制裁之規定，應依循罪刑法定主義，以制定法律方式為之，至多僅能授權主管機關發布命令為補充規定，且授權之法律規定中須使受規範者得預見其行為之可罰性，才符合刑罰明確性原則。

司法院釋字第 680 號解釋理由書中謂：「懲治走私條例第 2 條第 1 項所

❸❻ 參見：蔡震榮，《行政法概要》，初版，2012 年 10 月，第 50–52 頁。

科處之刑罰，對人民之自由及財產權影響極為嚴重。然有關管制物品之項目及數額等犯罪構成要件內容，同條第 3 項則全部委由行政院公告之，既未規定為何種目的而為管制，亦未指明於公告管制物品項目及數額時應考量之因素，且授權之母法亦乏其他可據以推論相關事項之規定可稽，必須從行政院訂定公告之『管制物品項目及其數額』中，始能知悉可罰行為之內容，另縱由懲治走私條例整體觀察，亦無從預見私運何種物品達何等數額將因公告而有受處罰之可能，自屬授權不明確，而與上述憲法保障人民權利之意旨不符」。

(二)非裁罰性之規定

司法院釋字第 394 號解釋中提到：「建築法第 15 條第 2 項規定：『營造業之管理規則，由內政部定之』，概括授權訂定營造業管理規則。此項授權條款雖未就授權之內容與範圍為明確之規定，惟依法律整體解釋，應可推知立法者有意授權主管機關，就營造業登記之要件、營造業及其從業人員之行為準則、主管機關之考核管理等事項，依行政專業之考量，訂定法規命令，以資規範。」若該法律不涉及對人民的裁罰，母法之授權條款的明確性要求將變為寬鬆，只要自法律整體關聯意義可推知其行為所受之規制即可。

另對於管制性不利處分，如追繳押標金 ❸；最高行政法院 105 年判字第 244 號判決採「解釋條文所規定之行為類型如有增修時，該增修之行為類型與既有之行為類型之本質如無明顯之不同者，於增修之規定生效時，亦為經認定之行為範圍，尚無違法律授權之明確性」之立場以擴張「有影響採購公正之違反法令行為者」的射程範圍，亦即從其法律整體解釋，就原先例示之法條內容得推知與其後增修之內容本質無明顯不同時，則增修規定生效時，得認定無異於同一類似行為之規制範圍 ❸，故與法律授權明確性無違。

---

❸ 最高行政法院 102 年 11 月份第 1 次庭長法官聯席會議。

伍、行政行為明確性

一、概　說

從實質意義的法治國原則出發，因為明確性要求與行政處分的內容具有非常緊密的關係，因此明確性乃是行政處分實質合法性的要件❸。我國行政程序法第 5 條規定行政行為之「內容」應明確，可從此得到應證。

具體個案之行政處分是否有具備以上要件，應為實質之判斷，不得僅因處分書上備有「理由」或「說明」欄之記載，即謂已盡處分理由說明之法律義務。為合乎行政行為內容明確之原則，行政行為若以書面做成，內容中應避免不明確之用語，例如：「疑似」、「未盡相符」、「緩議」、「俟……才」等。

二、明確性原則於行政處分之落實

立法者在制定法規範時，可衡量法律所規範生活事實之複雜性及適用於個案之適當性，在立法時運用不確定法律概念或概括條款。行政機關不同於立法機關，原則上禁止使用不確定法律概念❹，因此大法官在釋字中提到的明確性原則之審查標準，對於行政處分的內容並無適用。

行政機關應將立法者使用的不確定抽象概念透過行政處分在個案中明確具體化，該行政處分作成後，其內容至少須使處分相對人毋須第三人的

---

❸ 最高行政法院 105 年 3 月份庭長法官聯席會議決議。

❸ Y Volk, Die Bestimmtheit von Verwaltungsakten nach§37 Abs. 1 VwVfG, Diss. Köln, 2002, S. 12

❹ Vgl. Rolf Stober, Allgemeines Wirtschaftsverwaltungsrecht, 12. Aufl.,2000,§7 III 4.

協助或透過其他的輔助措施即可充分明確地認識到處分的內容，同時也不會發生因個人主觀認知不同而對處分內容有不同的理解❹。若行政機關在個案中並未將不確定抽象概念明確具體化，或甚至只是重複抽象的法律條文，即應認為該行政處分違反明確性原則要求❷。

行政程序法第 92 條第 1 項：「本法所稱行政處分，係指行政機關就公法上具體事件所為之決定或其他公權力措施而對外直接發生法律效果之單方行政行為。」規範行政機關做成行政處分時應具備的構成要件。因此，可從審查個別要素得知行政機關做成之行政處分是否有符合明確性原則：

1.行政機關應明確表明其所做成的是一個高權行為，亦即要表明做成的是一個單方具拘束效果的規範，而非僅是一個單純通知❸。

2.能夠充分讓相對人直接辨識做成行政處分之機關，有利於相對人之行政救濟。特別是多階段做成之行政處分及所謂的共同行政處分。

3.行政處分的相對人必須能夠被辨識。行政處分有複數相對人時，依其一般性特徵應可得確定複數相對人之範圍；若依行政處分所根據之法令可以明確知道處分之複數共同相對人須共同負擔法律上之義務，即使處分內容中並未明確表示各自分擔的責任比例，亦無違反行政處分之明確性。至於附第三人效力的行政處分，處分相對人以外的其他第三人則無法強制行政機關於做成處分時即須明確確定第三人所須負之義務。

4.行政處分是一個直接對外發生法律效果的行政行為，因此處分的規範內容應該要明確。該行政處分之目的、意義以及內容要清楚可辨，不得模稜兩可，使相對人能根據該行政處分為一定之行為，也成為行政機關做為事後強制執行的基礎。

---

❹ OVG Münster. OVGE 13. 182, 154; BVerwG GewA. 1993, 117.

❷ Vgl. Dieter Schmalz, Allgemeines Verwaltungsrecht, 3. Aufl., 1998, Rn.282.

❸ Vgl. Rolf Müller-Uri, Bestimmtheit von Verwaltungsakten, VR 1983, 25.

　　另外，行政程序法第 96 條第 1 項第 2 款：「主旨、事實、理由及其法令依據。」規定處分理由書之記載亦是實踐行政行為明確性之重要規定，因為該條規定處分必須使處分相對人得以知悉行政機關得出結論之原因，故處分應包括以下項目：

1. 法令之引述與必要之解釋

2. 對案件事實之認定

3. 案件事實涵攝於法令構成要件之判斷

4. 法律效果樹酌之依據

三、重要實務見解

㈠處分漏列項次與款次雖違反明確性但仍屬有效：最高行政法院 99 年判字第 611 號判決及 100 年判字第 1727 號判決

　　公立學校教師因具有教師法第 14 條第 1 項各款事由之一，經該校教師評審委員會決議通過予以解聘、停聘或不續聘，並由該公立學校依法定程序通知當事人者，係該公立學校依法律明文規定之要件、程序及法定方式，立於機關之地位，就公法上具體事件，所為得對外發生法律效果之單方行政行為，具有行政處分之性質。行政程序法第 5 條規定，行政行為之內容應明確。行政處分若以書面為之，行政程序法第 96 條第 1 項第 2 款規定，應記載主旨、事實、理由及其法令依據，行政機關做成之行政處分始具明確性。最高行政法院 100 年判字第 1727 號判決謂：「固然原處分僅記載……，並未敘明各該條文之具體款次，有違行政程序法第 5 條及第 96 條第 1 項所規定行政處分明確性原則之情形，然揆諸行政處分僅記載所由依據法規名稱及條文號次，而漏列其項次或款次之情形，尚與完全未記載法令依據或記載錯誤有間，此非不許原處分機關事後予以補明，衡其瑕疵情節尚屬輕微，是否構成得撤銷之事由，容有商榷餘地；縱認屬得撤銷之違法

事由，於未經有權機關撤銷前，仍不影響其有效性，顯非屬行政程序法第111條各款所列之無效情形。」由此判決可知最高行政法院認為，行政處分已記載依據法規名稱及條文號次，而漏列其項次或款次，其情形與完全未記載法令依據或記載錯誤不完全相同，雖有違行政處分明確性原則，但該瑕疵情形尚屬輕微，原處分機關能事後予以補明，在未經有權機關撤銷前，仍不影響其有效性。

　　要求行政機關作成行政處分應記載主旨、事實、理由及其法令依據，其目的是使相對人能根據該行政處分為行為，也是行政機關做為事後強制執行措施的基礎。若行政機關已記載所由依據法規名稱及條文號次，而漏列其項次或款次，因法定解聘事由有多款，該處分未明確指出究係依據何款項規定，應有違上開行政處分明確性原則❹。

㈡明確性判斷以人民是否知悉事實與法律為標準：最高行政法院 103 年判字第 665 號判決

　　相對人為符合文化藝術獎助條例第 2 條規定之展演，依文化藝術事業減免營業稅及娛樂稅辦法規定，應檢附展覽內容等相關證明文件，向文化部申請減免營業稅及娛樂稅之認可。文化部僅於處分上粗略記載之「活動內容不符文藝減稅辦法第 2 條規定」等語，使相對人無從明確知悉文化部作成原處分時所為之事實上及法律上考慮為何、原處分是否合法合理等情。最高行政法院 103 年判字第 665 號判決謂：「依行政程序法第 96 條第 1 項第 2 款規定，行政處分以書面為之者，固應記載主旨、事實、理由及其法令依據，惟為此等記載之主要目的，乃為使人民得以瞭解行政機關作成行政處分之法規根據、事實認定及裁量之斟酌等因素，以資判斷行政處分是否合法妥當，及對其提起行政救濟可以獲得救濟之機會」。

　　詳言之，最高行政法院認為，行政處分書記載之關於事實及其法令依

---

❹ 最高行政法院 99 年判字第 611 號判決。

據等是否明確，應視其記載是否已足使人民瞭解其受處分之原因事實及其依據之法令判定之，而非須將相關之法令及事實全部加以記載，始屬明確知悉作成行政處分之原因。按行政程序法第 96 條第 1 項第 2 款所謂「行政處分應記載理由（即法律明確性原則）」，行政處分須具明確性之目的在於確知行政處分之考量內容，使處分相對人提起行政救濟時，訴願機關及行政法院足以確認行政處分內容是否違法，故行政處分內容只要足以確認其內容是否違法，縱使理由未十分詳盡，仍難謂「未記載理由」❹❺。惟考其立法理由，係為使行政機關就事實上或法律上作較慎重之考慮，減少行政處分之錯誤或其他瑕疵，並使處分相對人提起行政救濟時，可由司法審查加以確認，方符法律明確性原則❹❻。

❹❺ 最高行政法院 100 年度判字第 1774 號判決。
❹❻ 最高行政法院 94 年度判字第 2012 號判決。

第三節　平等原則

壹、緒　論

　　「平等」一詞，源起於西元 1776 年美國獨立宣言❼及 1789 年法國人權宣言❽，近年的實踐使平等已具有拘束國家權力行使之功能，亦即，行政、立法、司法各種權力之行使須平等對待所有人民。詳言之，以平等為基礎，禁止公權力恣意對待，縱使須為差別對待亦必須基於合理之理由❾，否則將有悖於平等原則。基本權利與生俱來，受平等對待係維護人性尊嚴與尊重人格自由發展之重要一環當屬無疑。據此，人民與國家公權力二者關係乃人民得要求等者等之，不等者不等之對待，俾使人性尊嚴獲得實質保障，人格免於不平等對待從而得自由發展，則民主憲政秩序得以實踐、維護。

　　平等同時具有「主觀公權利」❺以及「客觀法規範」❺之雙重性質，

---

❼ 美國獨立宣言 (The Declaration of Independence) 第 1 條規定：「人民生而長久具有自由平等之權利；社會差別，只能基於人類幸福之上。」人人生而平等，指造物者賦予人民若干權利，包括生命權、自由權和追求幸福的權利，無論國家或政府均不得任意剝奪。

❽ 法國人權宣言 (Declaration of the Rights of Man and of the Citizen) 第 1 條規定：「在權利方面，人類是與生俱來而且始終是自由與平等的。社會的差異只能基於共同的福祉而存在。」

❾ 參見：城仲模，《行政法之一般原理原則(二)》，初版，1997 年，第 123 頁；王文忠，〈平等在公務員考試制度中之作用〉，《考銓季刊》，第 55 期，2008 年，第 101 頁。

❺ 主觀公權利，即公法上之請求權，係指人民可以透過訴訟途徑，請求或得以實現之法律地位。詳參：吳志光，《行政法》，第 5 版 2 刷，2013 年 9 月，第 30 頁。

❺ 客觀法規範，即要求行政機關行使國家權力時，須符合禁止恣意原則，而其僅

作為主觀公權利之「平等權」，得作為人民受公權力之侵害時，基於防禦而主張之權利；作為客觀法規範之「平等原則」，則拘束立法機關於法律之制定、行政機關執行行政任務、司法機關審判受理案件之客觀標準。申言之，平等之權利性質，在學說上固有所謂「平等權說」、「平等原則說」以及「複數權利說」❺❷，因平等權常伴隨他基本權利出現，又其操作標準抽象、著重個案判斷，本文認為，似宜將平等權視為人民之基本權利，當國家欲以公權力干涉行使時，以平等原則作為合法、合憲與否之審查標準，始以區分權利與原則之本質，不至混淆定義。

貳、意 義

一、平等權

憲法第 7 條之平等權，並非指絕對、機械之形式平等，而係為保障人民在法律上地位之實質平等，立法機關基於憲法之體系價值及立法目的，自得斟酌法規範對於事務性質之差異，而為合理之差別對待。又為避免不合理之差別對待，法規範是否符合平等權保障之要求，其判斷應取決於該法規範所以為差別待遇之目的是否合憲。詳言之，即其所採取之分類手段與達成規範目的二者間是否存有一定程度之關聯❺❸。

所謂實質平等，係指法律就其所定事實上之差異，得授權行政機關發布施行細則「為合理必要之規定」❺❹，倘對所有相對人皆為同等之不當待遇，徒具形式之平等，並不因此而合理❺❺。司法院釋字第 618 號解釋理由

具有拘束國家公權力之作用。

❺❷ 參照司法院釋字第 571 號解釋，楊仁壽大法官之不同意見書。

❺❸ 詳參司法院釋字第 205、211、526、682 號解釋文。

❺❹ 參照司法院釋字第 412 號解釋理由書。

書謂：「中華民國人民，無分男女、宗教、種族、階級、黨派，在法律上一律平等，為憲法第 7 條所明定。其依同法第 18 條應考試服公職之權，在法律上自亦應一律平等。惟此所謂平等，係指實質上之平等而言，立法機關基於憲法之價值體系，自得斟酌規範事物性質之差異而為合理之區別對待，且其基於合理之區別對待而以法律對人民基本權利所為之限制，亦應符合憲法第 23 條規定比例原則之要求。」倘若因應事實上之需要，及舉辦考試之目的，就有關事項，依法酌為適當之限制，要難謂與上述平等原則有所違背❺❻。

二、平等原則

司法院大法官歷年解釋交互使用平等原則、平等權兩名詞，難免使人混淆，然「平等」一詞所代表之意義，自然會因為係權利或原則而有所差別，權利與原則之差異在於，前者為人民得主張之主體，後者為拘束國家機關行使公權力之框架。

平等原則，係指行政機關為達成行政目的而為行政行為之準則。行政程序法第 6 條明文：「行政行為，非有正當理由，不得為差別待遇。」一方面要求行政機關作行政行為時須平等以待，一方面亦賦予行政機關一定之彈性，亦即在具正當理由前提下為合理、適切之差別對待。所謂正當理由，係指「並不禁止法律依事物之性質，就事實狀況之差異而為合理之不同處置❺❼」。所謂事物之本質，應就事物內在價值及其所欲達成之目的判斷之。正當理由包括保障人民在法律上地位之實質平等，並不限制具體案件事實上之差異及立法目的而為合理之不同處分，自與平等原則無違❺❽。其往往

---

❺❺ 參見：陳敏，《行政法總論》，第 8 版，2013 年 9 月，第 92 頁。

❺❻ 參照司法院釋字第 205 號解釋理由書。

❺❼ 參照司法院釋字第 481 號解釋文。

係依照立法目的、立法者所定之標準及合理原則，以行政裁量❺❾之方式出現。然其他拘束行政行為之原則，例如比例原則、誠實信用原則、合法裁量原則等，均可納入考量而成為正當理由。

為保障人民之實質平等，無論法律地位、行政行為均要求本質上相同之事物應為相同之處理，不得恣意為無正當理由之差別待遇，而法律為貫徹立法目的而設行政罰之規定時，如因處罰對象不同而有取捨，進而形成差別待遇者，須與立法目的間具有實質關聯，始與平等原則無違❻⓪。

基於事物之本質，相同之事件應為相同之處理或對待，不同之事件則應為不同之處理或對待，非有重大合理之事由，否則不得恣意地為差別待遇，即「等者等之，不等者不等之」或「平等者平等之，不平等者不平等待之」之實質平等。平等原則具有拘束行政、立法以及司法機關之效力，並衍生出「禁止差別待遇原則」、「禁止恣意原則（或稱權利濫用禁止原則）」等子原則，實務上也歷次對「相當程度關聯性」作解釋，嘗試設立平等原則之審查標準。

❺❽ 參照最高行政法院 88 年度判字第 3724 號判決。

❺❾ 行政機關具備裁量權，亦指行政機關對於個案具有判斷餘地；最高行政法院 103 年判字第 66 號判決謂：「對行政機關之判斷餘地，於行政機關之判斷有恣意濫用或其他違法情事時，得予撤銷或變更，其情形包括：1.行政機關所為之判斷，是否出於錯誤之事實認定或不完全之資訊。2.法律概念涉及事實關係時，其涵攝有無明顯錯誤。3.對法律概念之解釋有無明顯違背解釋法則或牴觸既存之上位規範。4.行政機關之判斷，是否有違一般公認之價值判斷標準。5.行政機關之判斷，是否出於與事物無關之考量。6.行政機關之判斷，是否違反法定之正當程序。7.作成判斷之行政機關，其組織是否合法且有判斷之權限。8.行政機關之判斷，是否違反相關法治國家應遵守之原理原則，例如平等原則等。上開例示法院可審查之情形，大部分以存在行政機關進行判斷作成結論之理由時，法院始有可能審查。此理由存在之要求，可以在法院降低對行政機關判斷餘地審查密度之同時，擔保行政機關判斷之正確性。」

❻⓪ 參照司法院釋字第 666 號解釋理由書。

三、禁止恣意

所謂「恣意」，係指欠缺適當充分之衡量，任意、專斷或毫無標準之決定**❻**。德國聯邦憲法法院認為，立法者對於相同事物予以差別待遇時，必須至少找到一個「一般說得通」且「普遍被接受」之理由，否則立法者制定之法規範即屬一意孤行、恣意妄為，違反平等原則。倘若應給予差別待遇而未給予差別對待，亦屬違反平等原則。反觀我國行政機關所為之行政行為，明文規定差別待遇須附充分實質理由，以舉輕明重之法理可得出行政機關所作之行政行為均須有正當理由之結論，以免行政機關掌握權力而濫權，進而禁止任何客觀上違反憲法基本精神及事物本質之行為，造成侵害人民權益之結果。從平等原則導出之禁止恣意原則即在行政機關作成決定時設立一道門檻，其於作成決定時，僅能依事理之觀點為之，且其所為之一切處置、手段，均應與其所欲達成之目的相當，並檢附充分、實質、正當理由。

行政機關若經立法授權，得依事務之本質為一定之裁量時，須具實質理由而為行政行為，否則即有恣意之虞，其中與平等原則相關者，無非係當行政機關於相同事物為不同處分、不同事物為相同處分，若未詳述理由以解釋何以相同事物為不同處分、不同事物為相同處分，兩者均除違反平等原則，更認有行政怠惰或濫用之裁量瑕疵，均屬行政權恣意之解釋範圍。

四、相當程度關聯性

行政機關所依據之法規範是否符合平等原則之要求，應視該法規範所以為差別待遇之目的是否合法，及其所採取之分類與規範目的之達成間，

---

❻ 參見：陳清秀，〈行政法的法源〉，翁岳生編，《行政法（上）》，第 3 版，2006 年 10 月，第 128 頁。

是否存有「一定程度之關聯性」而定❷。所謂「相當程度關聯（即一定程度之關聯性）」，係指行政機關為達成行政目的所執行之任務，除依法行政以符其正當性外，基於其認定之實質觀點作成的決定、行為須與所處理之事實案件保有適度之關係。

倘採取之分類與規範目的之達成二者間，不存在一定程度之關聯性，即無充分、正當、合理之理由或以似「依法行政」、「為求公益」等簡略草率之理由，難以字面推求其中關聯程度，則無從判定是否符合平等原則及比例原則。例如行政機關行使裁量權對其欲為之行政行為有所判斷時，若僅有結論而無理由，法院遂無從審查該判斷有無上開例示或其他恣意違法情事，此時自應認行政機關之判斷出於恣意濫用而違法。是以，行政機關執行任務時，應遵從手段與立法目的、事件本質相符之意旨❸，否則與禁止恣意原則背道而馳。

例如建築法明定對於違規者裁處罰鍰額度為「6 萬元以上 30 萬元以下」，在於針對不同之違規程度，重輕之違反情節，予以相對之處罰，主管機關於裁處時，固有其裁量之權限，惟就不同之違法事實裁處罰鍰，若未分辨其不同情節，自不符合法律授權裁量之旨意，其裁量權之行使，即出於恣意而屬濫用，所為處分即屬違法。另建築物未維護合法使用之情節，應以違反建築法之立法本旨加以衡量，始符依法行政之內涵，今行政機關以電玩業影響社會風氣，於第一次違法之處罰時便以最高額度加以處罰，復未敘明處以最高額罰鍰之事由為何，遽以處罰最高額之罰鍰，其處分亦屬因裁量恣意、濫用遂屬違法於予撤銷❹。

---

❷ 參照司法院釋字第 727 號解釋理由書。

❸ 認定行政機關是否違反預定行政目的而為行政處分時，仍應依所得之事實及證據，在符合權利之本質及目的之界限內為之，否則即不應為該行政處分。

❹ 最高行政法院 90 年判字第 1602 號判決。

五、否認不法平等

按憲法之平等原則要求行政機關對於事物本質上相同的事件作相同的處理，但在概念上僅限於合法平等，惟不法能否主張平等？始終係一個棘手問題。學理上對此之討論，認為不法平等之情況略可分為二種類型：1. 人民得否主張其他相同違法行為未受處罰，因此主張平等對待（亦稱為消極的不法平等）？2.人民自己遭受不法對待，得否要求行政機關按相同標準對待其他人？類型2之情形較為單純，因為基於依法行政原則之要求，行政機關自不得對他人為其他不法之處置，且行政機關與人民應為如何之法律關係非得由第三人予以置喙。援此，討論不法平等問題之關鍵在於類型1之情形。詳言之，俗稱「選擇性執法」之情形，人民究竟有無救濟之可能？實乃問題之關鍵❻。

針對此一問題，最高行政法院早期認為單獨拆除違建為違法（按編：行政機關不得只單獨對某一棟違建進行拆除）❻，於晚近之見解則主張，構造物係屬既存違建❻，原處分僅因主管機關違反違章建築處理要點，優先執行查報拆除，致有悖平等原則而違法，並不影響系爭構造物係屬違章建築之本質，依建築法規定顯不適於回復原狀，自不生請求回復原狀必要費用之問題❻。既存違建被行政機關查報拆除之後，處分之相對人不服，主張行政機關何不拆他人之既存違建，卻拆除其違建部分，此時基於違建本身不法之本質，相對人自不得主張平等，行政機關亦不違反平等原則。

---

❻ 參見：陳新民，〈平等原則拘束行政權的問題——論不法平等〉，《行政法爭議問題研究（上）》，初刷，2001年8月，第64頁。

❻ 最高行政法院47年判字第26號判決；最高行政法院52年判字第321號判決。

❻ 臺北市違章建築處理規則第4條第2款：「既存違建：指民國53年1月1日以後至民國83年12月31日以前已存在之違建。」

❻ 最高行政法院102年判字第314號判決。

本文以為，憲法上的平等原則係指合法的平等，並不包含違法的平等。行政先例須合法為行政自我拘束的前提要件，憲法之平等原則，並非賦予人民有要求行政機關重複錯誤的請求權❻❾，亦即人民有權利要求行政機關對於相同之案件給予相同待遇，惟其前提必須係合法之行政行為。

參、平等原則於行政法領域之落實

一、平等原則於裁量案件之運用

基於憲法平等原則之要求，在行政法領域中可以推導出「行政自我拘束原則」。此原則運用之目的係在於行政機關作成行政行為時，如無正當理由，應受到行政慣例之拘束，尤其在涉及行政裁量之事務。

運用行政自我拘束原則，在要件上包括❼⓿：

(一)具備行政慣例

產生行政自我拘束原則，通常係基於行政機關長期反覆慣行之行政習慣，以形成所謂行政慣例；或雖無事實證明有長期慣行之行政習慣，惟行政機關為確保執法之公平性，故頒布行政規則，亦會構成另一種自我拘束效力。

(二)行政慣例係屬合法

基於依法行政之要求，行政權之運作必須受到法律拘束，故一個顯然違法之行政行為必然不可受到法秩序之保護，繼而產生行政權負有排除此

---

❻❾ 最高行政法院 93 年判字第 1392 號判決；最高行政法院 95 年判字第 317 號判決；最高行政法院 101 年度判字第 643 號判決亦同。

❼⓿ 參見：陳慈陽，《行政法學總論──基本原理、行政程序及行政行為》，第 2 版，2005 年 10 月，第 144 頁；林錫堯，《行政法要義》，第 3 版，2006 年 9 月，第 56 頁。

一違法狀態之義務，當然亦無法構成行政自我拘束之可能。最高行政法院92年判字第275號判決明白指出，行政慣例須以合法為前提❼，因為人民並無不法平等請求權。

㈢須有裁量空間

行政機關須基於法律授權之裁量權權限，亦即須在裁量行政範圍內始有行政自我拘束原則之適用，因為在羈束行政情形下，行政機關應受到法律拘束，而無自行決定法律效果之可能，即無適用行政自我拘束原則之條件。

於此須進一步討論之問題係行政自我拘束原則與行政規則間之關係。實務上常見上級機關就裁量事項以「作業要點」或「注意事項」等方式，訂定統一裁罰標準，作為執法人員行使裁量權之準據。學理上將此類行政規則稱為「裁罰基準行政規則」（行政程序法159條第2項第2款）。進一步分析此種類型之行政規則，似乎與法律授權裁量之原意有所違背，但考慮到實際執行裁量之人員可能因為認事用法能力有所差異，造成個案與個案間有所差異，導致有失公允。故為實踐平等執法之目標，上級機關事先就裁量事項予以統一規定，以供執法人員遵循，非法所不允。蓋如此，須要進一步思考的問題係執法機關對特定個案所作之裁量決定顯然違背裁量基準行政規則時，人民得否對此主張裁量違反行政自我拘束原則而違法？對此問題行政法院基本見解認為，行政規則本身不具對外效力，故人民無法依此主張權利。惟因裁罰基準對於行政處分有實質影響力，故認定此時行政規則僅具間接對外效力❼，人民得以行政機關為裁量決定時未遵守裁

---

❼ 最高行政法院105年度判字第190號判決：「……查行政慣例應以該慣例核符法規規定為前提，倘該慣例不符法規規定，僅屬一時優惠措施，即不得據為以後當事人請求行政機關作為其有利行政處分之依據。」

❼ 參照最高行政法院102年判字第687號判決。

量基準，有違平等原則（行政自我拘束原則），從而主張撤銷行政處分。例如：最高行政法院 93 年度判字第 1127 號判決指出：「行政機關基於行使裁量權之需要得根據其行政目的之考量而訂定裁量基準，此種裁量基準可由行政機關本於職權自行決定無須立法者另行授權，然仍應遵循立法者授權裁量之意旨。故行政機關於訂定裁量基準時，除作原則性，或一般性裁量基準之決定外，仍應作例外情形時裁量基準之決定，始符合立法者授權裁量之意旨，以達具體個案之正義。」

二、平等原則於稅法領域之運用

憲法第 7 條所保障人民之平等原則，在租稅行政領域，為「課稅平等原則」，又稱「稅捐負擔平等」，其內涵包括依據納稅義務人個人稅捐負擔能力課稅之「量能課稅原則」[73]。國家對人民稅捐之課徵或減免，係依據法律所定要件或經法律具體明確授權行政機關發布之命令，且有正當理由而為合理之差別規定者，始與租稅法定主義、平等原則即無違背[74]。

按租稅法所重視者，為足以表徵納稅能力之經濟活動或事實，不應限於納稅人所為之外觀形式之法律行為，故在解釋適用租稅法時，所應根據者為經濟實質活動，不僅止於形式上之公平，應就實質上經濟利益之享受者予以課稅，始符「實質課稅及公平課稅之原則」[75]。又「能量課稅」為法治國家稅法之基本原則，租稅負擔應依其經濟給付能力加以衡量，而定其適當之納稅義務，凡負有相同負擔能力者，即應負擔相同之租稅[76]，司

---

[73] 最高行政法院 103 年度判字第 356 號判決。

[74] 參照司法院釋字第 565 號解釋文。

[75] 參見：陳敏，〈稅法總論與爭訟實務〉，《100 年培訓高等行政法院行政訴訟庭法官倫理課程》，司法院司法人員研習所，2011 年 4 月 11 日，第 13 頁。

[76] 參照司法院釋字第 420 號、第 496 號、第 500 號、第 565 號解釋文；柯格鐘，〈所得稅論營業稅爭訟實務〉，《100 年培訓高等行政法院行政訴訟庭法官倫理課

法院釋字第 420 號、第 496 號、第 500 號及第 565 號解釋可資遵循。

納稅義務人故意違反稅法之立法意旨，濫用法律上之形式或法律行為，蓄意製造外觀上或形式上存在之法律關係或法律狀態，使所得不具備課稅構成要件，以免除可預見應負擔之租稅義務，此規避稅捐之脫法行為，在稅法上應予否認，而課以與未移轉時相同之稅捐，亦即應以其實質上經濟事實關係及所產生之實質經濟利益為準，就已具備課稅構成要件之實質經濟行為來加以課稅，俾符合公平課稅原則**⓻**。

肆、重要案例分析與討論
——臺北高等行政法院 94 年度訴字第 752 號判決

平等權係所有基本權利之基礎與前提，亦為建立國家制度與權力行使之根本，惟於操作與運用上實屬抽象，尤其不同機關對平等的要求難以同一，本文茲以促進民間參與公共建設法為例，觀察司法機關審查行政行為是否符合平等之方式：

一、事實概要

原告與遠東聯盟及健元電子收費企業聯盟、交通任我行電子收費聯盟易利通電子收費公司、宏碁股份有限公司、速通企業聯盟等 7 位申請人，參與被告依據促進民間參與公共建設法（下稱促參法）及相關法令規定辦理之徵求「民間參與高速公路電子收費系統建置及營運」案（下稱本件 BOT 案），經甄審委員會進行資格預審後，被告以原告、遠東聯盟及宏碁股份有限公司為合格之入圍申請人；復經協商及綜合評審後，被告甄選決定遠東聯盟為最優申請人，原告為次優申請人。原告對該公告不服，向被

程》，司法院司法人員研習所，2011 年 4 月 11 日，第 6 頁。

⓻ 臺中高等行政法院 97 年度訴字第 398 號判決。

告提出異議。

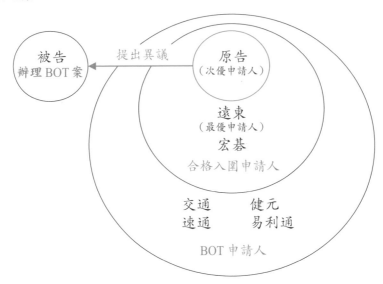

二、法院之操作與運用

　　本件甄審公告認定遠東聯盟為最優申請人，固係甄審委員會之判斷，屬專門事項之專業性判斷，有其判斷餘地。惟本件甄審公告對合格之入圍申請人於協商程序時，被告僅與遠東聯盟協商 VPS 項目，而未與各入圍申請人（包括原告）協商 VPS 項目，有違平等原則。按促參法第 44 條規定主辦機關為審核申請案件，應設甄審委員會，並按公共建設之目的，決定甄審標準，且就申請人提出之資料，依公平、公正原則，於評審期限內，擇優評定之。即依甄審辦法第 15 條規定綜合評審進行協商時，應「平等」對待各入圍申請人，然被告僅與參加人（遠東）協商 VPS 系統，而未與原告協商 VPS 系統，應係違反平等原則及前引促參法相關規定，導致據為評審之資料基準不一，而有判斷違法之情事。

　　經查本件行政行為事物之本質，應從協商此一程序行為目的及所欲達成之價值判斷之，按協商程序之本質在於招商之公平性及本招商案長達 20

年合作期間之可行性之公共利益，平等協商一方面係使各申請人有一致性的比較基礎，另一方面讓政府獲取更有利之條件，是以入圍申請人雖各有不同系統之採行，但若有新興系統之預估，自應就該新興系統以協商程序作相同之承諾或補充相關資料，甄審委員始有相同之判斷基準。

協商既賦予工作小組寬廣主動之裁量空間，自應依協商程序之目的性作平等之解釋，並協商程序應使各入圍申請人在相同之基礎上，提出各種條件，政府在此一「平等」基礎上，選擇最可行且有利政府之投資計畫。是以，協商之目的在於如何使合格之入圍申請人之投資計畫書具有同一甄選之標準，不致各投資計畫書各自殊言，淪為作文比賽。被告既與遠東聯盟（即參加人）協商 VPS 系統，對於同樣願意採用 VPS 系統之原告，被告自應告知政府對 VPS 系統之條件，讓原告有機會提案或補充投資計畫之各項規劃，被告未與原告協商 VPS 系統，自係違反平等協商。被告及參加人主張因申請人所提條件不同，協商內容不同，無所謂平等協商可言，並非可採。

三、評　析

平等原則作為拘束各機關之準據，意義抽象，其實質意義待各執行機關體現，端視審查之角度、標準有所浮動，在所難免。於本件案例中，就協商程序違反平等原則，致甄審判斷違法部份，法院認被告對合格之入圍申請人於進行協商程序時，未予以相等之對待已如上述，違反平等原則，導致據為評審之資料基準不一（即判斷有未充分斟酌相關事項而出於錯誤之事實認定或錯誤資訊之判斷而有瑕疵），而有判斷違法之情事，據以公告認定遠東聯盟為最優申請人之處分，自屬違反平等原則，應予撤銷。

第四節　比例原則

壹、比例原則之地位

比例原則 (*Das Verhältnismäßigkeitsprinzip; Proportionnalité; Wednesbury Principle*) 此一概念，源於德國警察法，旨在強調國家在進行干涉行政時，「不得為達目的而不擇手段」。比例原則在強調目的與手段間之均衡，亦即，作為一種調控國家干預行為合法性的重要工具。雖然比例原則最早運用於德國警察法中，但隨著法治國概念發展，此一原則已經逐漸被定位為憲法原則。例如我國憲法第 23 條對目的與手段之要求，即屬具體化操作比例原則之重要依據❼❽。

從概念發展史來看，比例原則的運用，一方面有助於節制國家高權行使；另一方面，有助於個人自由權得以發揮最大效用。此項原則之所以能被廣泛運用於公法領域，關鍵在於「人權保障」與「依法行政原則」二項由法治國原則所派生之子原則。合法實施行政行為的前提是法律明文規範，但法律規範卻經常無法跟隨社會發展的脈動，故未免掛一漏萬，以及過度牽制行政行為，立法者對於規範的構成要件及法律效果，在設計上就必須採取更為彈性的作法。亦即，法規範的設計無可避免須採取開放式的構成要件及法律效果，藉此給予行政權一定的行為自主性。只是，這樣的結果勢必造成立法權對行政權的監督有未及之處，因此在權力分立的思考下，司法權就被賦予依據立法者制定之規範，檢視行政權是否過度侵害權利，以貫徹人權保障的目標，而比例原則正是作為司法審查行政是否過度侵害人民權利之標準。綜上，可以提出一個操作比例原則之前提：1.<u>法律賦予</u>

---

❼❽ 參見：許宗力，〈比例原則與法規違憲審查〉，《戰鬥的法律人——林山田教授退休祝賀論文集》，2004 年，第 214 頁。

行政程序法第 7 條：「行政行為，應依下列原則為之：一、採取之方法應有助於目的之達成。二、有多種同樣能達成目的之方法時，應選擇對人民權益損害最少者。三、採取之方法所造成之損害不得與欲達成目的之利益顯失均衡。」行政執行法第 3 條：「行政執行，應依公平合理之原則，兼顧公共利益與人民權益之維護，以適當之方法為之，不得逾達成執行目的之必要限度。」同法施行細則第 3 條：「本法第 3 條所定以適當之方法為之，不得逾達成執行目的之必要限度，指於行政執行時，應依下列原則為之：一、採取之執行方法須有助於執行目的之達成。二、有多種同樣能達成執行目的之執行方法時，應選擇對義務人、應受執行人及公眾損害最少之方法為之。三、採取之執行方法所造成之損害不得與欲達成執行目的之利益顯失均衡。」前舉之條文，咸屬比例原則於我國法制之實證化成果。此類規範經常成為大法官解釋及行政法院裁判所援用，透過比例原則檢證行政裁量處分或其他干預性國家措施之合憲性或合法性。

最後必須強調，行政程序法第 7 條制定完成後，在法學上至少具有以下重要意義：第一，所有行政行為必須受到比例原則之拘束；第二，比例原則之三項子原則明文化❼❾。

貳、比例原則之內涵

比例原則概念，旨在強調國家在進行干涉行政時，「不得為達目的而不擇手段」。在德國，比例原則又有廣、狹二義，一般取其廣義理解。所謂廣義比例原則包括：適當性原則 (*Geeignetheit*)、必要性原則

---

❼❾ 參見：林清程，〈比例原則〉，陳慈陽主編，《行政法實例研習》，第 2 版，2014 年 8 月，第 39 頁。

(*Erforderlichkeit*) 與過度禁止原則（*Übermäßivergverbot*，即狹義比例原則）❽。以下再就各該原則內容進行說明。

一、適當性原則

適當性原則，又稱合目的性原則或妥當性原則。此一原則認為，所採取之公權力措施，須「有助於目的之達成」，故亦可稱為「有效性原則」。簡言之，於此階段判斷某一個國家行為本身是否具備適當性，僅考慮手段能否實踐法律目的❽。在此必須強調的是，目的之設定必須是法律所允許。

進一步而論，適當性原則是在控制行政機關手段的選擇能適切的達成立法者所期待之目的，而此一標準通常亦用在裁量行政範圍，因為羈束行政範圍內，立法者早已明定法律效果，行政機關已無裁量空間，當然也就沒有必要操作適當性原則檢視行政行為的合法性。

適當性審查本質上就是對個案的「預測」審查，但所有的預測都帶有高度的主觀價值判斷的成分，故司法者對行政行為進行適當性審查時，應避免以自己主觀心態取代行政主體的主觀價值判斷。

二、必要性原則

所謂必要性原則，係指行為不超越實現目的之必要程度，亦即有多種同樣能達成目的之方法時，應選擇影響最輕微之手段。此即為行政程序法第 7 條第 2 款所稱之「有多種同樣能達成目的之方法時，應選擇對人民權益損害最少者」。

---

❽ 參見：李惠宗，《行政法要義》，第 6 版，2012 年 9 月，第 105 頁。

❽ 有論者以為，適當性此項原則無獨立存在之必要，故認為比例原則應採二分法之見解，亦即僅需要有必要性及狹義比例原則即可。詳參：陳新民，《行政法學總論》，第 8 版，2005 年，第 91 頁。

操作必要性原則的前提是，列入考慮的各種手段咸已符合適當性之要求，亦即，手段在符合適當行為的要求之後，因為不同手段對人民造成之權利影響程度不一，方有進一步檢視何種手段屬於最輕微之必要。

三、狹義比例性原則

狹義比例原則，又稱為「衡量性」或「衡平原則」。為比例原則最後的一道檢證程序，<u>判斷公權力採取之方法所造成之損害不得與欲達成目的之利益顯失均衡</u>。亦即，某種手段在經過必要性之檢證後，雖已確定為實踐目的之最輕微手段，但仍須進一步考量人民承受所謂「最輕微」手段所造成之損害與所欲達成之公共利益之間是否衡平相當。

狹義比例原則的操作係在追求不同法益間的衡量工作，故步驟上首先應該先確定受行政行為所干預之個人法益與藉此欲追求之公共利益，並對彼此對立之法益進行評價。其次，確定對立的價值後，在個案中作法益衡量的評價。必須強調的是，行政法因為受到依法行政原則的支配，故在個案審查時，衡量法益衝突必須限縮在立法者所限定的框架之內，應該以立法者的意志作為價值衡量的基礎。

於知悉比例原則內涵後，應進一步說明之問題是比例原則如何節制國家公權力過度侵害人民權利，於此可以觀察行政權與司法權二者的互動關係。在法治國框架下，比例原則的操作至少存有以下二種意涵：首先，行政權須以法律作為行為之基礎，但具有一般性與抽象性的法規範如何被適用在特定與具體的個案當中，且有效地在維護公共利益與個人權利保護之間取得平衡，此即操作比例原則的第一層意義。其次，司法權於法治國框架下被要求依法審判，故對於行政行為的合法性監督，除法律規範外，比例原則亦將提供司法權審查行政行為合法性之重要標準。

理論上，比例原則的操作將有助於節制國家公權力過度侵害人民基本

權利，但實踐上述目標必須建立在司法操作比例原則時，建構出一套精緻的合理適用範圍與條件，否則該項原則的存在將使司法權取得一項不受節制的權力，反而喪失比例原則客觀檢驗行政行為違法與否之功能。

參、比例原則之適用領域

比例原則於適用時，因不同事物領域固有不同寬嚴程度。以下就不同行政領域，探究該原則之適用情形。

一、干涉行政

比例原則開始發展於警察權領域，因為於行政法蓬勃發展之前，警察權幾乎是行政權的代名詞，故為確保行政的主動性與應變能力，大量透過概括授權的規範形式賦予警察執行任務、維護公序良俗。另一方面，警察執行任務的方式又多以直接侵害人民權利的方式進行，故比例原則在此將調和行政權運作與人民權利侵害二者關係。比例原則在此領域的運用不但適得其所，且衡酌各國法制，於此領域皆採最嚴格的審查方式。亦即，各種干涉行政之行為皆須同時通過適當性、必要性及狹義比例原則的檢驗，始符合比例原則之要求。

二、給付行政

原在干涉行政領域運用的比例原則是否能於給付行政領域中適用？起初具有高度爭議[82]。不過這樣的爭議，如今幾乎已經不具有任何討論價值，按今日通說見解認為，比例原則的目的本來就是在保障人民權利，限縮行

---

[82] 參閱：蔡茂寅，〈比例原則在授益行政領域之適用〉，《月旦法學雜誌》，第35期，1998年，第26–27頁。

政權的侵害行為。換句話說，行政權無論從事何種行政行為，都應該被檢視是否過度侵害人民權利，至於行政行為的行為方式為何？則非關注的焦點！

給付行為雖說對給付相對人係屬受益，但如果從整體財政及資源有限性的角度來看，對於未獲得給付的其他人民而言，可能就是一種侵害。易言之，對人民不當給付或過度給付，終將造成國家利益的損害。司法院釋字第485號解釋即指出：「惟鑒於國家資源有限，有關社會政策之立法，必須考量國家之經濟及財政狀況，依資源有效利用之原則，並注意與一般國民間之平等關係，就福利資源為妥善之分配；對於受益人範圍之決定，應斟酌其財力、收入、家計負擔及須照顧之必要性妥為規定，不得僅以受益人之特定職位或身分作為區別對待之唯一依據；關於給付方式及額度之規定，亦應力求與受益人之基本生活需求相當，不得超過達成立法目的所需必要限度而給予明顯過度之照顧。」由此得知，立法給付行為尚受比例原則之拘束，更遑論行政給付行為。

綜上，比例原則在行政給付領域中亦可發揮一定作用，只是在此必須強調的是，給付行政並非一律受完整且最嚴格的比例原則審查，毋寧應依據個別情況，適用寬嚴不同的審查標準。

三、計畫行政

從行政程序法的規定來看，比例原則乃適用於所有行政行為，故計畫行政亦屬其中，但問題是，計畫行政本身的特性是否會改變比例原則的操作方式？傳統上，比例原則多是一種事後的檢視，亦即對已經發生結果或已實施的行政行為進行評價，但計畫行政領域中，本指「事前」就達成特定目的或一定構想有關之方法、步驟或措施等所為之設計與規劃，故比例原則在此之適用多涉及預測性質，故若採取傳統的操作方法，不免會發生

審查者（司法）以主觀價值取代行為主體（行政）主觀價值之流弊❸。基於權力分立思想，法律在計畫行政領域通常採取低密度的規範方式，賦予行政權高度的判斷權限，故於此領域，司法者從事有關行政計畫是否違反比例原則的審查，應基於尊重的立場採取低密度審查。以德國法為例，司法者僅能因為行政機關之決定具有明顯瑕疵且此瑕疵對利益衡量結果有所影響時，始得撤銷行政機關之決定❹。

肆、比例原則於司法實務中之運用

比例原則功能多端，因此嘗試從司法運作的角度去觀察比例原則的適用方法或許可以更清楚地瞭解此項重要原則之功能。比例原則具有指導國家行為朝向盡可能正確之功能，所謂「國家行為」包括立法行為、行政行為及司法行為，特別是在具有干預效果的國家行為，更能彰顯出比例原則的指導性功能。

立法行為違反比例原則之案例，例如：司法院釋字第 702 號解釋針對教師法第 14 條第 3 項之「行為不檢有損師道」之合憲性，及司法院釋字第 718 號解釋針對集會遊行法未將「緊急性及偶發性集會遊行」排除於許可制情形之外，違反比例原則。

【司法院釋字第 702 號解釋】

系爭規定二限制教師終身不得再任教職，不啻完全扼殺其改正之機會，對其人格發展之影響至鉅。倘行為人嗣後因已自省自新，而得重返教職，繼續貢獻所學，對受教學生與整體社會而言，實亦不失為體現教育真諦之典範。系爭規定

---

❸ 參見：蔡宗珍，〈公法上之比例原則初論——以德國法的發展為中心〉，《政大法學評論》，第 62 期，1999 年，第 90 頁。

❹ 參見：黃錦堂，〈由德國法之發展論我國行政法院之審查密度〉，《行政訴訟論文彙編第二輯》，1999 年，第 46 頁。

二一律禁止終身再任教職，而未針對行為人有改正可能之情形，訂定再受聘任之合理相隔期間或條件，使客觀上可判斷確已改正者，仍有機會再任教職，就該部分對人民工作權之限制實已逾越必要之程度，有違憲法第 23 條之比例原則。

【司法院釋字第 718 號解釋】

就事起倉卒非即刻舉行無法達到目的之緊急性集會、遊行，實難期待俟取得許可後舉行；另就群眾因特殊原因未經召集自發聚集，事實上無所謂發起人或負責人之偶發性集會、遊行，自無法事先申請許可或報備。……針對緊急性集會、遊行，固已放寬申請許可期間，但仍須事先申請並等待主管機關至長 24 小時之決定許可與否期間；另就偶發性集會、遊行，亦仍須事先申請許可，均係以法律課予人民事實上難以遵守之義務，致人民不克申請而舉行集會、遊行時，立即附隨得由主管機關強制制止、命令解散之法律效果（集會遊行法第 25 條第 1 款規定參照），與本院釋字第 445 號解釋：「憲法第 14 條規定保障人民之集會自由，並未排除偶發性集會、遊行」，「許可制於偶發性集會、遊行殊無適用之餘地」之意旨有違。至為維持社會秩序之目的，立法機關並非不能視事件性質，以法律明確規範緊急性及偶發性集會、遊行，改採許可制以外相同能達成目的之其他侵害較小手段，故集會遊行法第 8 條第 1 項未排除緊急性及偶發性集會、遊行部分；同法第 9 條第 1 項但書與第 12 條第 2 項關於緊急性集會、遊行之申請許可規定，已屬對人民集會自由之不必要限制，與憲法第 23 條規定之比例原則有所牴觸，不符憲法第 14 條保障集會自由之意旨，均應自中華民國 104 年 1 月 1 日起失其效力。就此而言，本院釋字第 445 號解釋應予補充。

於司法裁判行為，違反比例原則多會被上級法院加以撤銷發回更審，雖然判決中不一定直接敘明違反比例原則，且多以判決違背法令作為發回更審之原因，但究其內容實有不少違反比例原則之情況。例如：最高行政法院 102 年度判字第 371 號判決，因高鐵站土地區段徵收違反比例原則，

故撤銷前審判決；最高行政法院 101 年度判字第 953 號判決，認為竹南科學園區土地區段徵收處分違反比例原則，故撤銷臺中高等行政法院前審判決。

【最高行政法院 102 年判字第 371 號判決】

興建高鐵站主體以及其聯外道路為已足，就高鐵站周邊特定區而言，其開發之經濟效益與農民遭受掠奪之程度，兩相對比之下，顯然所欲成就之公益甚少，但因此對於農田生態暨糧食安全造成威脅，侵害農民生計之傷害卻是巨大，其利益衡量顯失均衡，故高鐵站特定區之設置與比例原則斷不相符。本件區段徵收之核准係經被上訴人都市計畫委員會第 710 次會議通過，然該次會議並未說明興建高鐵彰化站之急迫性及必要性為何，僅泛稱其有急迫性及必要性，竟即草率通過。原處分之判斷實係出於錯誤事實及不完全資訊，並違反比例原則，因此本件區段徵收難謂有公益性及必要性，原處分之核准實屬違法不當。……應舉行公聽會以聽取民眾意見之機制，俾公益考量與私益維護得以兼顧，爰請各目的事業主管機關於核定興辦事業時，應審慎衡酌其需徵收土地之必要性與公益性，並督促需用土地人廣納各界意見並作適當之處理已爭取支持，非謂有法律依據即實施徵收。另並應遵守比例原則之規範，注意徵收土地應按事業性質即實際需要，就損失最少之地方勘選適當用地位置及範圍，盡量避免耕地（土地徵收條例施行細則第 2 條規定，已刪除），以兼顧土地所有權人權益之保障。」

由此可知被上訴人完全知悉公聽會為一「聽取民眾意見」之重要機制，希冀需用土地人能確切透過公聽會方式廣納民意、並就徵收之「公益性」與「必要性」詳與民眾溝通、並予以回應，以避免公聽會流於形式，並要求需用土地人就土地徵收遵守比例原則、儘量避免耕地，「非謂有法律依據即實施徵收」。

行政行為因違反比例原則，而被司法機關或行政救濟機關撤銷決定者，更所在多有。惟更值得注意者，若干行政行為被撤銷之理由是「無期待可能性」或違反「公共利益原則」，甚至是違反「成本效益」，例如：最高行

政法院 102 年判字第 611 號判決。是以，德國學說上更有主張應將此類判斷原則納入比例原則範疇內❽。

【最高行政法院 102 年判字第 611 號判決】

凡行政法律關係之相對人因行政法規、行政處分或行政契約等公權力行為而負有公法上之作為或不作為義務者，均須以有期待可能性為前提。是公權力行為課予人民義務者，依客觀情勢並參酌義務人之特殊處境，在事實上或法律上無法期待人民遵守時，上開行政法上義務即應受到限制或歸於消滅，否則不啻強令人民於無法期待其遵守義務之情況下，為其不得已違背義務之行為，背負行政上之處罰或不利益，此即所謂行政法上之「期待可能性原則」，乃是人民對公眾事務負擔義務之界限。

伍、比例原則運用上之危機

比例原則雖被理解為衡度國家公權力行為是否過當之最後一道重要防線，但過度依賴比例原則作為實踐個案正義的手段時，卻引發另一個法學上難解的問題：司法權的價值判斷為何更優於其他國家公權力作成之決定？雖然前述問題至今仍無法找到令人滿意的解答，但又不能因此放棄比例原則的運用，故僅能要求法院在運用比例原則時應該更為謹慎。詳言之，行政法院在判斷行政行為之適當性、必要性及狹義比例原則時，應作充分說理，以證明其價值判斷之正當性。反之，不附理由的否定行政權所選擇之價值，逕認為自己的決定才是最佳選擇或最正確的決定，絕非比例原則運用之目的。

❽ Vgl. M. Morlok, Einstandspflicht für rechtswidriges Staatshandeln, in: Hoffmann Riem/Schmidt-Aßmann/Voßkuhle (Hrsg.), Grundlagen des Verwaltungsrechts, Band III, 2009,§52 Rn. 112. 中文文獻請參閱：林明鏘，〈比例原則之功能與危機〉，《月旦法學雜誌》，第 231 期，2014 年 7 月，第 69 頁。

第五節　誠實信用及信賴保護原則

壹、概　說

　　誠實信用原則及信賴保護原則在說法、用法上容易使人混淆，在說明原則形成原因、適用要件之前，應先說明其內涵並套用實例以建立初步之理解。誠實信用原則，係行政機關作成行政行為時應遵守之原則，亦即行政機關對外作成之行政行為不得有隱匿、詐欺或對重要資訊提供不正確等情形；信賴保護原則，係行政機關對外作出行政行為後，人民對行政行為產生信賴基礎並因此作出相當程度之作為或不作為，嗣後若行政機關改變原來決定，則人民可能因此蒙受損害，為避免由人民單方承受損害，故發展出信賴保護原則限制行政機關恣意變更決定，以達保障人民權利之目的。

　　行政機關在作成行政行為時應遵守誠實信用原則，例如：對人民有誠實告知、據實說明之義務；信賴保護原則是行政機關應受其造成的信賴外觀所拘束，亦即客觀上讓人民相信行政機關所為之行政行為是有效的，並人民因信賴其行政行為而有所具體表現時，行政機關無論是要撤銷違法處分或廢止合法處分，均須對人民因信賴公權力而為之行為作一定程度之補償。

貳、誠實信用原則

一、緣　由

　　「子以四教：文、行、忠、信。」、「子曰：『狂而不直、侗而不愿、悾悾而不信，吾不知之矣。』」、「人而無信，不知其可。」等強調信用重要的論語名言不勝枚舉。我國深受儒家思想影響，將誠信列於道德之一，故在法

律未明文之前，待人應誠實、處事講信用等原則確已存於人民之思想、生活中，自不待言。而誠實信用原則的明文化，除見於我國民法第 148 條第 2 項：「行使權利，履行義務，應依誠實及信用方法。」外，歐陸法系不論德國 **86**、法國都將誠實信用明文於民法法典。在公法關係 **87** 上，行政程序法第 8 條前段：「行政行為，應以誠實信用之方法為之……。」明文訂定誠實信用原則，解決過往在行政程序法立法以前，私法關係提及之誠實信用得否適用於公法關係之問題。

二、意　義

就私法而言，誠實信用原則係透過物之買賣租賃、勞動契約等商業習慣彰顯於當事人間，以保護當事人間之信賴關係。公法由於其主體在法律關係上之特殊性，無法直接以私法上對誠實信用原則意義之內涵充實，惟經實務對此原則之反覆操作，大可歸納誠信原則應有「禁止權利濫用」、「行政行為之方法應確實符合客觀上表現之目的」、「不得怠於執行職務」與「避免前後行為矛盾」等要求 **88**。

㈠禁止權利濫用

所謂權利濫用，即程序（或稱手段）雖合法，然目的係違反公共利益、

---

86 德國民法典 (Bürgerliches Gesetzbuch)§320 Einrede des nicht erfüllten Vertrags (2)：
「Ist von der einen Seite teilweise geleistet worden, so kann die Gegenleistung insoweit nicht verweigert werden, als die Verweigerung nach den Umständen, insbesondere wegen verhältnismäßiger Geringfügigkeit des rückständigen Teils, **gegen Treu und Glauben verstoßen würde.**」

87 本文出現之私法關係、公法關係，以特別法規說（新主體說）作區分。即國家或行政機關以公權力主體地位處於一法律關係之中，其所適用之法律為公法，例如行政程序法；任何人皆得適用之法律則為私法，例如民法。

88 臺中高等行政法院編，《行政法實務研究》，2010 年 6 月，第 284 頁。

損害他人權利之情形。行政機關以國家公權力為後盾，自應於行使公權力時衡酌一切可能對人民造成利與不利之情形，並應依下列原則為之： 1.採取之方法應有助於目的之達成（實質關聯）。2.有多種同樣能達成目的之方法時，應選擇對人民權益損害最少者。 3.採取之方法所造成之損害不得與欲達成目的之利益顯失均衡，若未加以注意、違反上揭之比例原則，則難謂無權利濫用之情形❽。

又私人於公法關係中所為之行為是否受行政法一般原理原則之拘束？本文認為，從行政程序法第 1 條：「為使行政行為遵循公正、公開與民主之程序，確保依法行政之原則，以保障人民權益，提高行政效能，增進人民對行政之信賴，特制定本法。」之立法目的應可得知，行政程序法係以行政機關為規範對象，而非人民，故應認行政程序法第 4 條至第 10 條為拘束行政機關之原理原則，並未拘束到人民。

惟實務操作上，法院多數判決認為人民於行政程序中亦應遵守誠實信用原則。例如：租稅規避案件中，行為人利用稅捐法規所未規定之異常或不當之法律形式，意圖減少稅捐負擔之行為。行為人如利用私法行為，故意藉股權之移轉或不合常規之財產安排，不當為自己或他人規避或減少納稅義務，以達減輕稅捐負擔之目的，從中取得租稅利益，實質上卻違反稅法立法者租稅負擔之意旨。針對此類案件，我國行政法院實務於判決中多認為，稅收固為國家基礎建設、社會福利等資金重要來源之一，規避租稅之人則係利用稅捐法規未為規定或未可預見之異常或不當之手段而為減少稅捐負擔之行為，以己身之私益挑戰法律的灰色地帶，*縱未違反稅務相關法規仍將因違反公共利益而違反誠實信用原則* ❾（稅捐稽徵法第 12-1 條參照）。

---

❽ 最高行政法院 103 年度判字第 535 號判決。

❾ 臺北高等行政法院 99 年訴字第 2082 號判決。

㈡行政行為之方法應確實符合客觀上表現之目的

建築法第 77 條第 1 項規定,建築物所有權人對其所有之建築物有維護該建築物之合法使用、構造及設備安全之義務。實務上曾發生建築物所有權人經他人檢舉未領有變更使用執照,擅自變更其所有建築物之構造,經主管機關到場勘查,發現確有未經核准擅自變更原核准之構造情事,據相關條文命限期改善、恢復原核准之狀態。然主管機關之限期定於 90 年 12 月 31 日,處分書卻於 90 年 12 月 27 日始為送達,造成所有權人恢復原狀之時間實際僅有 4 日,縱所有權人有心改善,現實上如何在 4 日之內恢復建築物原核准之構造,實為強人所難。

對此,最高行政法院 98 年度判字第 452 號判決即謂:「原處分書送達距其所命改善期限僅有 4 日,顯然過短,且處分已對受處分人產生規制作用,即其如逾期未恢復原狀,隨時可能被『連續處罰,並停止其使用。必要時並停止供水、供電或封閉、強制拆除』,且行政處分一經送達即發生實質的存續力,主管機關不可能以原定期限屆滿後之其他日期作為受處分人是否逾期之標準,反而可能以其逾越原定期限之長短作為裁罰或處分輕重的依據,故此種瑕疵無法因主管機關怠於後續之處分行為而補正。」亦即「原處分書送達日與改善期限僅相距 4 日」之瑕疵,縱主管機關於期限到達後未作成裁罰或處分,係屬主管機關之怠惰,與原處分之瑕疵實屬二事,故瑕疵亦無可能因適當期間之經過而補正,轉換為無瑕疵之行政處分。主管機關命其依原核准圖限期改善本係要求建築物所有人履行義務,以達維護建築合法使用、構造及設備安全之目的,卻未予以酌留恢復原狀所需時間,如何能使當事人相信主管機關係真心誠意要其恢復原狀,而非假藉完成此程序,以利嗣後取得後續處罰之依據?<u>此種行政行為之方法便因其實質內容不符合客觀上表現之目的,而與誠實信用原則有違。</u>

(三)不得怠於執行職務

行政機關若經一段時間怠於行使特定職務，嗣後再度行使此特定職務時，違反誠實信用原則 ❾❶。例如：稅捐稽徵機關依據加值型及非加值型營業稅法第 42 之 1 條，應於每期收到營業稅申報書後，盡速辦理稽核，核定其銷售額、應納或溢付營業稅額。如發現申報錯誤或顯不正常者，應即依相關規定處理。

若稅捐稽徵機關對納稅義務人之申報扣抵未曾予以否准，且當納稅義務人以原相同內容再為申報時皆為核定准予扣抵，惟經財政部發布新解釋令後，稅捐稽徵機關始往前追溯解釋令發布後認定為漏繳之稅額並予以處罰，是否違反誠實信用原則？不無討論餘地。

稅捐稽徵機關對於稅捐事務本於職責處於主動積極調查、核定、稽徵之地位，如上述營業稅額之核定，稅捐稽徵機關於人民依法申報後，自應主動積極為查核，縱有稅額與申報不符之情形，亦應由稅捐稽徵機關負舉證責任證明之。準此，人民對其所核定之營業稅額有所相信自屬當然之理，稅捐稽徵機關追溯過往各期稅額認漏繳並予以處罰等情，除違反稅法上禁止不利之溯及外，亦因稅捐稽徵機關於先前之查核怠於執行職務，嗣後對稅額之查核未積極處理等，其所造成行政上作業之出入，固不應由人民承受，而與誠實信用原則有違 ❾❷。

(四)避免前後行為矛盾

行政機關執行某特定任務時,為達行政目的並免於無故侵害人民權利,常有數個行政行為，而各行為間（尤其前後）應避免矛盾，其目的為： 1.維持法安定性。 2.維持人民對行政機關之信任。 3.避免人民面對行政機關之反覆而無所適從。當行政機關執行任務時所為之數行政行為有矛盾之情

---

❾❶ 臺中高等行政法院編，《行政法實務研究》，2010 年 6 月，第 288 頁。

❾❷ 最高行政法院 92 年度判字第 30 號判決。

形時，自如同人說話時出爾反爾一般，屬違反誠實信用原則之事例。

例如：某工廠業主詳知其產業之設施規範，並依此標準查其所擁有之設備是否符合標準。於發現自己設備違反規範且無法即刻改善情況下，遂依法向主管機關提出申請報備，其後主管機關函覆命業主提供說明書、切結書等文件以利主管機關備查，業主依法配合回函提供相關書面資料作申請。惟主管機關因業務繁忙而疏於函覆業主達 3 年之久，直至業主為申請許可證再次函請主管機關同意備查時，主管機關函覆同意備查所稱之說明書及切結書，期間對於許可證之換發、展延均一一核准。然嗣後又依作業設備未符合相關規範須提出改善計畫等事由，而認其未提出改善計畫或替代措施方案對其處以罰鍰❾③。惟主管機關若未同意備查又何以對同一作業設備操作許可證之申請再三核准？又何來明知作業設備未符合相關規範，未即時要求業主提供改善計畫而於同意備查後開罰之理？其中前後接續之行政行為矛盾之情形自屬與誠實信用原則相違。

---

❾③ 摘錄臺北高等行政法院 97 年度簡字第 378 號判決：「綜上所述……原告 3 號回鍋爐固不符合空氣污染防制法第 43 條第 4 項之規定所訂定之『檢查鑑定公私場所空氣污染物排放狀況之採樣設施規範』，但原告業依該規範第 7 點規定，依被告環保局之要求，提供說明書及切結書供被告認可，被告且於 85 年 9 月 12 日函復同意備查，即無因原告對其 96 年 9 月 29 日提出改善計畫或替代措施方案之要求，未正面回應即逕依空氣污染防制法第 69 條規定裁處 20 萬元罰鍰之理，訴願決定未予糾正，亦有違誤，原告執此指摘，訴請撤銷，為有理由，應予准許。」

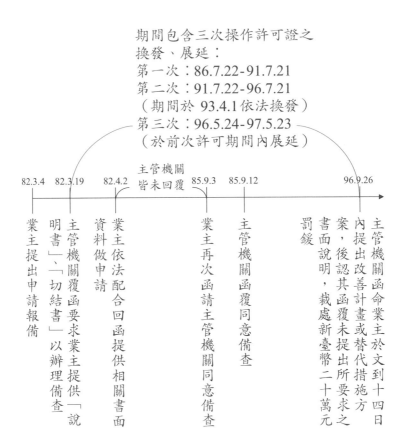

期間包含三次操作許可證之
換發、展延：
第一次：86.7.22-91.7.21
第二次：91.7.22-96.7.21
（期間於 93.4.1 依法換發）
第三次：96.5.24-97.5.23
（於前次許可期間內展延）

82.3.4　82.3.19　82.4.2　主管機關皆未回覆　85.9.3　85.9.12　96.9.26

業主提出申請報備

主管機關覆函要求業主提供「說明書」、「切結書」以辦理備查

業主依法配合回函提供相關書面資料做申請

業主再次函請主管機關同意備查

主管機關函覆同意備查

主管機關函命業主於文到十四日內提出改善計畫或替代措施方案，後認其函覆未提出所要求之書面說明，裁處新臺幣二十萬元罰鍰

三、適　用

公法關係有別於私法關係，其救濟途徑、當事人主體關係皆有不同，惟公法與私法，雖各具特殊性質，但二者亦有共通之法理，尤其私法規定中具一般性、普遍性之法理者，亦應將其法理貫徹於公法領域並適用於公法關係❾❹。前述意見乃最高行政法院 52 年判字第 345 號判例闡釋之見解，且亦是目前最高行政法院審理有關誠實信用原則案件時最重要之論理依據。例如：最高行政法院 98 年判字第 692 號判決所謂：「誠實信用原則，

❾❹ 最高行政法院 52 年判字第 345 號判例：「公法與私法，雖各具特殊性質，但二者亦有其共通之原理，私法規定之表現一般法理者，應亦可適用於公法關係。依本院最近之見解，私法中誠信公平之原則，在公法上應有其類推適用。」

作為法的一般原則，展現於各個法領域，乃是公法與私法所共通的基本原理，在當事人雙方間具體的公法關係中，也如同私法關係，適用誠實信用原則，故不僅行政機關在執行其任務、為行政行為時，應以誠實信用之方法為之（行政程序法第 8 條規定參照），且人民就公法權利的行使或防禦，也應適用誠實信用原則，並應避免違反公共利益，或以損害他人權利為主要目的（權利之濫用）。」

　　法治國為我國憲法基本原則之一，誠實信用原則固為其中內涵❾❺，行政機關於執行其任務而為之行政行為自應遵守誠實信用原則，方為實踐依法行政之宗旨。而行政機關（或司法機關作審查時）如何體現誠實信用原則、保障人民權益，將作以下說明：

㈠程序行為

　　程序行為乃指行政機關於執行任務過程中進行的相關行為或措施。例如：

1.行政程序法第 36 條，依職權調查證據，行政機關應秉持人民對其之信任，主動調查、通知相關之人陳述意見、實施勘驗等行為以釐清事實；

2.同法第 98 條，告知救濟期間，告知救濟期間係為保障人民訴訟權而規定行政機關應行之義務，行政機關告知之救濟時間若較法定期間長，處分機關雖已通知更正，如相對人或利害關係人信賴原告知之救濟期間，致無法於法定期間內提起救濟，而於原告知之期間內為之者，法律將其擬制為於法定期間內合法提起救濟；

3.同法第 138 條，行政契約之一方當事人依法應以甄選或其他競爭方式決定時須有之前置行為（比如投標）時，應事先公告應具備之資格及決定之程序，且於決定前，予以參與競爭者表示意見之機會等。

---

❾❺ 司法院釋字第 525 號解釋理由書：「法治國為憲法基本原則之一，法治國原則首重人民權利之維護、法秩序之安定及誠實信用原則之遵守。」

(二)事實認定

行政機關在依法行政的前提下，因立法者無法鉅細靡遺地規定各領域之法規，故立法時未明文訂定判斷準則，將解釋之空間依法授權於行政機關，令行政機關在面對人民、執行任務時，得為符合行政目的或者適合於公益之積極處置；或行政機關所職掌之事務，因涉及科學、技術等專業知識，法律無法明文因應，故尊重行政機關之決定，不加以干涉，此稱判斷餘地。即便行政機關判斷有錯誤，僅生妥當與否之問題，原則上不生違法的問題❻。

諸如制定裁罰標準或執行法律之細節性、技術性之抽象規範時，乃立法授權行政機關或行政機關本於職權，取得制定一般、抽象法規範之權限，此乃立法機關基於信任行政機關專業，並盱衡社會生活事實與需求後，所作之最後決定。是以，人民有理由相信行政機關在作成行政處分前係透過充足之客觀、具體事證，確切掌握個案之實情，若有作事實認定錯誤而導致錯誤行使裁罰標準❼、濫用甚或消極不行使時，均得解釋為行政機關違反誠實信用原則。

(三)法規命令之制定

行政程序法第 150 條：「本法所稱法規命令，係指行政機關基於法律授權，對多數不特定人民就一般事項所作抽象之對外發生法律效果之規定。法規命令之內容應明列其法律授權之依據，並不得逾越法律授權之範圍與

---

❻ 參見：謝孟瑤，〈行政法學上之誠實信用原則〉，城仲模主編，《行政法之一般法律原則(二)》，1997 年 7 月，第 220 頁。

❼ 高雄高等行政法院 100 年訴字第 37 號判決：「……定系爭 14 座油槽貯存總容量達 44,400 公秉，屬應實施環境影響評估之開發行為，則原告未依環評法第 7 條第 1 項實施環評，被告依同法第 22 條裁處罰鍰，固非無據；惟系爭 14 座油槽面積可獨立分割計算，被告卻以廠區總體面積做為裁量基準參考因素，而處以原告罰鍰 150 萬元，揆諸上開說，殊屬違誤。」

立法精神。」透過本條之文義解釋，法規命令係以不特定人民為規範對象之抽象性規範，雖非對規範對象有直接之法效性，惟其當作行政處分之依據時，自應因屬行政行為須受行政程序法第 8 條之拘束，從而遵守誠實信用原則[98]。

㈣人民在公法上為行使權利而為之行為

行政機關所為之行政行為受誠實信用原則拘束，惟人民在公法關係中所為之行為是否適用誠實信用原則？雖然最高行政法院向來主張人民因違反誠實信用原則之行為，不受法律保護[99]。惟在公法關係中，人民行使權利，不得以詐欺、脅迫或賄賂等方法，使行政機關作成行政處分；或對重要事項提供不正確資料或為不完全陳述等投機、隱匿之行為，致使行政機關依該資料或陳述而作成具有實質違法之行政處分；或明知行政處分違法或因重大過失而不知行政處分違法，此三種情形已明文規定於行政程序法第 119 條。此種經典例示規定，已將人民應遵守之誠實信用原則之界線範圍予以明文，並賦予此種行為一定之不利益。易言之，本文於此仍須強調，誠實信用原則係用來拘束行政機關從事行為之一般行政法原理原則，一般情況下規範效力不及於人民；立法者對於人民違反誠實信用之經典情況已經透過行政程序法第 119 條予以具體化，亦即，人民行使公法上權利時，僅須遵守誠實信用原則之最低標準即可，毋須遵守與行政機關相同程度之誠實信用原則。

四、適用效果

由於行政程序法對行使公權力之行政機關違反誠實信用原則並未明確其法律效果，惟從學說、法理發展及現有相關法規觀察，略分為：

---

[98] 最高行政法院 95 年判字第 1162 號判決。

[99] 最高行政法院 99 年判字第 168 號判決。

(一)權利失效

權利失效說，係從誠實信用原則之功能推導得出之結論。例如：怠於行使職權或怠為處分之行政機關，使相對人對於此等（違法）狀態產生信賴，故行政機關因可歸責之事由，經過長時間而不行使權力，使相對人相信行政機關已放棄權力行使時，則不得於事後突然行使權力，否則難謂無悖誠實信用原則；且若行使權力對相對人將造成不可期待之重大損害者，縱該權利雖未消滅，亦不得行使❿。惟行政法上之權利失效非法律所明文，即使予以承認，適用時亦應從嚴為之⓫。

(二)成就國家賠償之條件

依據國家賠償法第 2 條第 2 項：「公務員於執行職務行使公權力時，因故意或過失不法侵害人民自由或權利者，國家應負損害賠償責任。公務員怠於執行職務，致人民自由或權利遭受損害者亦同。」公務員身為行政機關執行法律之手足，其於執行職務行使公權力時自應遵守行政程序法第 4 至 10 條之行政原理原則，則當違反誠實信用原則時，亦符合前述規範要件，故應負國家賠償責任⓬。

參、信賴保護原則

相較誠實信用原則，信賴保護原則累積了大量實務可資參閱。兩項原則在使用上係相輔相成，因相信雙方誠實信用之態度進而產生信賴，並為此作相當程度之付出，基於維護法秩序安定性以及人民對行政機關、國家行為之信任，故無論行為是出於錯誤之判準或其他欲撤銷之事項，行政機

---

❿ 參見：陳敏，《行政法總論》，第 8 版，2013 年 9 月，第 290–291 頁。

⓫ 最高行政法院 102 年判字第 518 號判決。

⓬ 參見：陳清秀，〈行政法的法源〉，翁岳生編，《行政法（上）》，第 3 版，2006 年 10 月，第 131 頁。

關應顧及人民正當合理之信賴並提供適當之保護。

　　既為相輔相成，其法理得共通推論、解釋，成因部分便不再贅述。司法院釋字第 717 號解釋理由書：「信賴保護原則涉及法秩序安定與國家行為可預期性，屬法治國原理重要內涵。」、司法院釋字第 589 號解釋本文：「法治國原則為憲法之基本原則，首重人民權利之維護、法秩序之安定及信賴保護原則之遵守。」、司法院釋字第 525 號解釋本文：「信賴保護原則攸關憲法上人民權利之保障，公權力行使涉及人民信賴利益而有保護之必要者，不限於授益行政處分之撤銷或廢止……。」將信賴保護原則定於憲法位階，或解釋為法治國原則內涵之一，其法位階自獲確立。

一、要　件

　　人民對國家行使公權力、行政機關之行政行為之信賴是否須受保護，應符合信賴基礎、信賴表現、信賴值得保護三要件。

㈠信賴基礎

　　信賴基礎之構成，首要檢視人民信賴何事？信賴的客體為何？即須有一個足以引起人民信賴之國家行為存在，作為人民信賴之客體。換言之，即行政機關須作出一表示國家意思於外之行為（即行政行為），客觀上成立一令人民信以為真之信賴外觀。惟事實行為是否得作為信賴基礎，早期實務上尚有不同見解❿，惟近日已逐步統一⓴。

---

❿　臺北高等行政法院 98 年訴字第 2008 號判決予以肯定；高雄高等行政法院 91 年訴字 565 號判決認事實行為不得作為信賴基礎。

⓴　最高行政法院 104 年度判字第 682 號判決：「行政機關對外表示之國家意思或事實行為須已發生信賴基礎，且人民因該信賴基礎已表現具體之信賴行為，而行政機關變更已發生信賴基礎之法秩序，致使人民之既得權益受損害，始有適用信賴保護原則之餘地」；臺北高等行政法院 103 年訴字第 1509 號判決：「所謂信賴基礎必須是公權力決定或行為，且依據一般的經驗，此等公權力決定或行為

(二)信賴表現

人民基於信賴基礎，而表現出具體信賴之行為，以利獲取預期之信賴利益，且信賴基礎與信賴表現須具因果關係始足當之。臺中高等行政法院99年度訴字第23號判決謂：「信賴利益，係指人民信賴原行政處分或行政法規有效，而另有表現之行為以獲取預期之利益而言，如主管機關核發人民申請之建造執照，人民基於此信賴基礎而建造建物，人民對於已建造之建物，自有信賴利益存在等情形，而信賴利益並非現存之利益，政府機關給付人民之津貼或公務人員之薪俸，係屬金錢而為單純之現存利益，因此受領人將現存利益予以消費，尚難認為係信賴表現之行為。」則若人民僅為信賴之意思表示（比如信賴心理、口頭信賴），或信賴利益僅為單純之現存利益，或純屬法規適用對象主觀之願望，或僅期待而未有表現已生信賴之事實者❿，難謂成立信賴表現此一要件。

(三)信賴值得保護

欲保護之「信賴」強調正當並合理，然而正當與合理如同公序良俗一般為不確定之法律概念，意義上難以確切理解，故立法者採反面列舉方式說明何種情況係屬不值得保護之信賴，亦即人民以立法者列舉之方式取得之「信賴基礎」，不得主張保護。按行政程序法第119條規定，所謂信賴不值得保護之情形包括： 1.以詐欺、脅迫或賄賂方式； 2.對重要事項提供不正確資料或不完全陳述；3.明知行政處分違法或因重大過失而不知等情形。

將導出某個特定的法律狀態，而足以引起人民產生特定的期望。包括行政處分、行政命令、行政契約、行政事實行為、法律與司法解釋或裁判等」；高雄高等行政法院100年度訴字第383號判決：「行政法上之信賴保護原則，係因行政機關之表示意思於外之外觀、事實行為之存在或行政處分，有信賴基礎之存在，人民因而產生信賴行為，而此信賴值得予以保護而言。」

❿ 參見：莊國榮，《行政法》，增訂2版，2014年9月，第48頁；相類似判決參閱：高雄高等行政法院99年度簡字第237號判決。

二、適用範圍

按司法院釋字第 525 號解釋文所述：「信賴保護原則攸關憲法上人民權利之保障，公權力行使涉及人民信賴利益而有保護之必要者，不限於授益行政處分之撤銷或廢止（行政程序法第 119 條、第 120 條及第 126 條參照），即行政法規之廢止或變更亦有其適用。」在此必須強調，解釋理由書裡所說的行政法規包括法規命令、解釋性或裁量性行政規則。

負擔處分撤銷與否之情形，法律並未明文規定且亦無必要。因為，負擔處分本質上係侵害人民權利，故撤銷通常不發生既得權益受侵害或信賴保護之問題。惟因信賴保護原則業經司法院釋字第 525、529、589❶、717 號解釋再三認定為憲法層次之基本原則，法理上自應適用於所有行政行為，故唯有於違法負擔行為，經行政機關職權撤銷後，卻作成對相對人更不利之合法處分；或相對人由於遵守處分內容已消費或處置標的物，以致無法或難以回復時，應有適用之餘地❶。

三、適用效果

㈠行政處分之撤銷限制及撤銷後之損失補償

依行政程序法第 117 條及第 123 條分別規定，違法行政處分之撤銷與合法行政處分之廢止，惟相對人之信賴利益大於所欲維護之公共利益時，行政處分不得廢止或撤銷。反之，人民雖得主張信賴利益，但與公益相較後，仍以保護公益為優先，故須對處分相對人為一定之補償。

---

❶ 司法院釋字第 589 號解釋：「法治國原則為憲法之基本原則，首重人民權利之維護、法秩序之安定及信賴保護原則之遵守。」

❶ 參見：吳坤城，〈公法上信賴保護原則初探〉，城仲模主編，《行政法之一般法律原則㈡》，1997 年 7 月，第 253 頁。

操作信賴保護原則後，大體上可略分為以下二種情況：

1.信賴利益大於公共利益

此種情況亦稱為「存續保護」，即行政程序法第 117 條第 2 款所指，經利益衡量後，認信賴利益顯然大於所欲維護之公共利益，故維持原信賴基礎之存在或繼續實現信賴基礎之內容為較妥適❶⓿⓼，從而選擇維持原處分。

2.信賴利益小於公共利益

此種情況下，是以財產補償以彌補人民因公益所受之損害。詳言之，衡諸一切情形，認為維護公共利益較相對人之信賴利益更為重要，單一個人或少數人之信賴利益不得不退讓以成就公共利益。是以，不論違法或合法之授益處分，若相對人因此遭受財產上損失，原處分機關應給予合理補償。

㈡行政法規廢止或變更之合理補救措施

行政法規是否適用信賴保護原則，自司法院釋字第 525 號解釋公布後受到肯定。行政法規公布施行後，制定或發布法規之機關依法定程序予以修改或廢止時，原則上固有決定是否予以維持以及如何維持之形成空間，惟仍應兼顧受規範對象信賴利益之保護。

司法院釋字第 717 號解釋理由書謂：「授予人民經濟利益之行政法規，若有預先訂定施行期間者，在其期間內，符合法規並受規範之人民，其信賴應受有較高程度的保護，若非極為重要之公益，不得加以限制。而未訂有施行期間之法規，如客觀上使受規範之人民得預期法規將繼續施行，並通常據此信賴而為生活或經營之安排等具體表現信賴之行為，並其信賴值得保護時，須基於維護公益之必要才能廢止、變動。」而<u>因公益之必要而廢止、變動法規者，除因情事變遷而停止適用外，應兼顧人民之信賴保護，</u>

---

❶⓿⓼ 參見：蔡茂寅、李建良、林明鏘、周志宏合著，《行政程序法實用》，修訂 4 版，2013 年 11 月，第 32 頁。

盡力減少人民信賴利益之損失，並採取合理之補救措施，或訂定過渡期間條款，並不得以新頒布之法規任意增加、限縮解釋原法規未規定之限制與範圍⑩，以利減輕損害、保障人民權利，否則將違反信賴保護原則（行政程序法第 8 條後段）。

⑩ 參最高行政法院 103 年判字第 168 號判決：「……行為時零售市場管理條例第 9 條第 1 項第 1 款如已明文規定『原與設立公有市場之主管機關訂有使用市場攤（鋪）位契約者』對於公有市場之攤（鋪）位之使用，具有第一優先順序，依其條文結構及字義，並未限定『公有市場』於新建、改建或遷建時，始有該款之適用，在解釋上即不應增加法律所無的限制。又該條文本身之立法說明顯然不夠周延，僅係該法條起草意見，並未寫入法律本文，自不能據以限縮該條本文所謂『公有市場』之涵攝範圍。次按攤位原使用人依同條例第 11 條第 2 項規定，於使用期限屆滿 6 個月前申請繼續使用，除其有同條例第 12 條第 1 項規定『公有市場攤（鋪）位使用人應按期繳納使用費及自治組織管理費。使用期限屆滿尚未繳清者，不得申請或繼續使用』之情形，或依同條例第 23 條、第 29 條、第 31 條規定得終止契約者外，只要其願意接受設立公有市場之主管機關所定的使用條件，該主管機關即無否准其繼續使用之餘地。」
另補充本案信賴事實為：「攤販依零售市場管理條例（下稱系爭條例）以及得其授權之臺灣省零售市場管理規則（已廢止；下稱系爭規則）為攤販使用權之申請、與管理市場之主管機關簽約，並信賴系爭規則對於原攤（鋪）位使用人繼續承租權保障之規定，信其享有原攤（鋪）位使用人優先承租權，並投資使用其所承租之攤（鋪）位，從而構成信賴保護之要件。」

　　英國自西元 1215 年大憲章即發展出「自然正義法則」(*rules of natural justice*) ❿；美國於聯邦憲法增修條文中也闡明「法律正當程序」(*due process of law*)⓫；我國至 1999 年始制定行政程序法。行政程序法之制定對於行政行為之合法性、正當性與貫徹憲法基本權利之保障，皆具有重要性。

　　我國行政程序法第 1 條稱：「為使行政行為遵循公正、公開與民主之程序，確保依法行政之原則，以保障人民權益，提高行政效能，增進人民對行政之信賴，特制定本法」。正當的行政程序可以保障國家依法行政、維持處分之正確性、提供人民參與決策之機會、減少行政爭訟發生、保障人民權益。

壹、公平原則

一、迴　避

　　迴避制度，係指行使公權力之公務員及訴訟程序中之法官，在行使公權力過程，遇有與自己有利害關係時之情形，應行迴避，不得參與，以保

---

❿　「no free man shall be taken or imprisoned or disseized or exiled or in any way destroyed , nor will we go upon him nor send upon him , except by the lawful judgement of his peers or by the law of the land.」

⓫　美國聯邦憲法增修條文第 5 條修正案：「No person shall be held to answer for a capital, or otherwise infamous crime, unless on a presentment or indictment of a Grand Jury, except in cases arising in the land or naval forces, or in the Militia, when in actual service in time of War or public danger; nor shall any person be subject for the same offense to be twice put in jeopardy of life or limb; nor shall be compelled in any criminal case to be a witness against himself, nor be deprived of life, liberty, or property, without due process of law; nor shall private property be taken for public use, without just compensation.」

障人民信賴國家公權力，並減少偏頗不公之情況發生。

如應迴避者參與程序但並未影響實體決定時，則該行政處分並無瑕疵，係屬合法；如該應迴避之人於程序重行進行或補正後已迴避，則該不合法之參與關係，即歸消滅❶❷。我國行政程序法第 32 條規範自動迴避、第 33 條就申請迴避有所規範，以下分別敘述：

㈠自動迴避

行政程序法第 32 條稱：「公務員在行政程序中，有下列各款情形之一者，應自行迴避：一、本人或其配偶、前配偶、四親等內之血親或三親等內之姻親或曾有此關係者為事件之當事人時。二、本人或其配偶、前配偶，就該事件與當事人有共同權利人或共同義務人之關係者。三、現為或曾為該事件當事人之代理人、輔佐人者。四、於該事件，曾為證人、鑑定人者。」公務員在上述所規範之情形內，「應」行迴避，不得提出反證推翻。

㈡申請迴避

行政程序法第 33 條第 1 至 4 項稱：「公務員有下列各款情形之一者，當事人得申請迴避：一、有前條所定之情形而不自行迴避者。二、有具體事實，足認其執行職務有偏頗之虞者。前項申請，應舉其原因及事實，向該公務員所屬機關為之，並應為適當之釋明；被申請迴避之公務員，對於該申請得提出意見書。不服行政機關之駁回決定者，得於 5 日內提請上級機關覆決，受理機關除有正當理由外，應於 10 日內為適當之處置。被申請迴避之公務員在其所屬機關就該申請事件為准許或駁回之決定前，應停止行政程序。但有急迫情形，仍應為必要處置。」本條係就「足認有偏頗之虞」者，經當事人向其所屬機關釋明後，公務員之迴避態樣。

---

❶❷ 參見：陳清秀，〈淺談迴避制度之本質及其相關問題〉，《台灣本土法學雜誌》，第 190 期，2011 年 12 月，第 44 頁。

　　有學者謂「偏頗之虞」係指，因有行政程序法第 32 條各款之情形外之具體事由，足以使人相信其執行職務有偏頗之虞，應行迴避❶❶❸。此項規定為一概括規定。

㈢命為迴避

　　行政程序法第 33 條第 5 項稱：「公務員有前條所定情形不自行迴避，而未經當事人申請迴避者，應由該公務員所屬機關依職權命其迴避。」本項係指縱當事人未申請迴避，所屬機關仍應依職權命其迴避，以保障程序公平。

　　在違反行政程序法第 32 條之情形下，當事人原則上得以提出訴願或行政訴訟，使該程序瑕疵予以治癒。若無該程序瑕疵，而行政機關仍須作出相同處分時，例如裁量處分，行政機關即可依照裁量權限，自為裁量處分；如係羈束處分，行政機關無裁量權限，自不可能作成不同之處分，則不得因該程序瑕疵，予以撤銷該處分❶❶❹。

　　當事人負有「即時異議」之義務，即當事人知悉有迴避之事由，應即時提出，如保持沉默或隱瞞者，自得視為棄權。為避免當事人濫用申請權限導致程序拖延，行政程序法設有「闡明義務」，當事人應提出具體事證，舉其事證與理由向該公務員所屬機關提出申請，避免當事人濫用其權利。

二、組織適法

　　本法並未直接具體規定機關應以何種形式之組織作成行政行為或行政處分，然行政機關之組織不合法，則有違正當程序原則。未修法之前，我

---

❶❶❸ 參見：湯德宗，《行政程序法論——論正當程序》，第 2 版，2005 年，第 11–12 頁。

❶❶❹ 參見：陳清秀，〈淺談迴避制度之本質及其相關問題〉，《台灣本土法學雜誌》，第 190 期，2011 年 12 月，第 44 頁。

國透過大法官解釋提出解決辦法。本文舉司法院釋字第 462 號和第 613 號解釋對於大學教師升等案和國家通訊委員會案中對於各該組織組成、決議作成流程為例。

司法院釋字第 462 號解釋大學教師升等案指出：「大學教師升等資格之審查，關係大學教師素質與大學教學、研究水準，並涉及人民工作權與職業資格之取得，除應有法律規定之依據外，主管機關所訂定之實施程序，尚須保證能對升等申請人專業學術能力及成就作成客觀可信、公平正確之評量，始符合憲法第 23 條之比例原則。且教師升等資格評審程序既為維持學術研究與教學之品質所設，其決定之作成應基於客觀專業知識與學術成就之考量，此亦為憲法保障學術自由真諦之所在。故各大學校、院、系（所）教師評審委員會，本於專業評量之原則，應選任各該專業領域具有充分專業能力之學者專家先行審查，將其結果報請教師評審委員會評議。」該號解釋闡明教師升等係關係到人民之「工作權」，故應符合正當程序之保障[115]，並明定大學教師升等資格之流程，應先經專業審查程序後將其結果呈報教師評審委員會評議。且該號解釋亦說明除有法律之具體規定外，主管機關所訂定之實施程序須符合比例原則。

司法院釋字第 613 號解釋中對於行政院對國家通訊傳播委員會之提名權一案中指出：「行政院為國家最高行政機關，憲法第 53 條定有明文，基於行政一體，為包括國家通訊傳播委員會（以下簡稱通傳會）在內之所有行政院所屬機關之整體施政表現負責，並因通傳會施政之良窳，與通傳會委員之人選有密切關係，因而應擁有對通傳會委員之人事決定權。基於權力分立原則，行使立法權之立法院對行政院有關通傳會委員之人事決定權固非不能施以一定限制，以為制衡，惟制衡仍有其界限，除不能牴觸憲法

---

[115] 參見：湯德宗，〈大學教師升等評審的正當程序——論大法官釋字第 462 號解釋之適用〉，《月旦法學雜誌》，第 97 期，2003 年 6 月，第 229 頁。

明白規定外，亦不能將人事決定權予以實質剝奪或逕行取而代之。立法院……關於委員任滿提名及出缺提名之規定，實質上幾近完全剝奪行政院之人事決定權，逾越立法機關對行政院人事決定權制衡之界限，違反責任政治暨權力分立原則。又上開規定等將剝奪自行政院之人事決定權，實質上移轉由立法院各政黨（團）與由各政黨（團）依其在立法院所占席次比例推薦組成之審查會共同行使，影響人民對通傳會應超越政治之公正性信賴，違背通傳會設計為獨立機關之建制目的，與憲法所保障通訊傳播自由之意旨亦有不符。」該號解釋指出為確保權力分立原則、行政一體原則，行使立法權之立法院對於行政院人事決定權已造成實質侵害，已逾越立法機關對於行政院人事決定權制衡之界限已屬違法。

有學者謂，*在行政程序法修法前，行政院應援引相關法令之規定及正當程序之理念，即透過裁判填補法律漏洞*❶❶❻。

三、程序外接觸禁止

行政程序法第47條規定：「公務員在行政程序中，除基於職務上之必要外，不得與當事人或代表其利益之人為行政程序外之接觸。公務員與當事人或代表其利益之人為行政程序外之接觸時，應將所有往來之書面文件附卷，並對其他當事人公開。前項接觸非以書面為之者，應作成書面紀錄，載明接觸對象、時間、地點及內容。」本條之規範目的係在維持行政程序之公平與透明性，避免行政機關受到不當之影響，造成行政偏頗，對當事人不利❶❶❼。

又何謂「程序外」之接觸，臺中高等行政法院93年訴字第433號判決

---

❶❶❻ 參見：湯德宗，《行政程序法論──論正當程序》，第2版，2005年，第17頁。

❶❶❼ 蔡茂寅、李建良、林明鏘、周志宏合著，《行政程序法實用》，第3版，2006年，第149頁。

中，因公務員辦理某納稅義務人被檢舉逃漏稅案件涉貪瀆罪嫌，經臺灣臺中地方法院檢察署檢察官提起公訴，雖免訴確定，惟後提起涉訟輔助，經公務人員保障暨培訓委員會駁回後提起訴訟。本案中法院對程序外之接觸有所界定，該判決稱「被告（財政部國稅局）補充答辯狀陳明『原告應保守業務機密且迴避詢問，並應避免於辦公處所外與被檢舉人之關係人有所接觸』固非無據，惟上開主張係在維持行政中立，避免行政機關與當事人程序外接觸。當事人與行政機關間若基於『談公事』之心態於程序外接觸固應禁止，惟日常生活，人來人往，不期而遇，事所平常，若此狀況亦屬禁止之列，則公務員為免去麻煩，只有躲在家中一途可行。」

　　本條僅規定禁止公務員接觸當事人，並未禁止當事人接觸公務員，此乃係「單向」之禁止，並無法達成本條之立法目的。有學者認為本條應解釋為「當事人亦不得在行政程序外接觸公務員」，始得達成「雙向」禁止，完全排除有影響行政機關之機會⓲。

　　該原則是否僅限「待決事件之實體有關之溝通或意見交流」，法務部行政程序法諮詢小組第 23 次會議結論，作出否定之結論。該會議結論中闡明：「本法第 47 條所稱『行政程序外之接觸』，其接觸事項不限於『就待決事件之實體事項有關之溝通或意見交流』，縱與待決事件實體事項無關之程序事項，亦屬本條之適用範圍。」且該會議亦闡明，行政程序外之接觸不論是否有利於當事人，皆屬行政程序法第 47 條規範之範圍。

　　違反片面禁止規定則須依照行政程序法第 47 條第 2 項，由行政機關之公務員將程序外接觸之相關資料作成文書，對其它當事人公開，以補正該瑕疵。如公務員不公開往來之相關文書資料，亦不對其它當事人公開時，瑕疵不能補正，有學者認為，因不能補正該程序違反，故構成「得撤銷」該程序之事由⓳。行政機關對違反此原則之情況及結果應負舉證責任，證

⓲ 參見：湯德宗，《行政程序法論──論正當程序》，第 2 版，2005 年，第 19 頁。

明該程序外接觸之終局處分結果確有影響，請求法院撤銷該行政處分；反之，原行政機關也應舉證證明公務員該程序外接觸，對該程序之終局處分不生影響，法院駁回原告之訴，維持原處分**⑲**。

貳、公正原則──聽證與陳述意見

聽證 (hearing)，源自於英美法自然正義原則「兩造兼聽」(*both side shall be heard*)。有學者**㉑**謂，聽證在積極面可集思廣益、加強溝通、促進參與、提高行政效能；消極面可防止偏私，杜絕專斷，確保依法行政。聽證與陳述意見在德文雖是同義，但在我國立法下，係屬兩個不同之概念，陳述意見係指在程序簡化與合目的性之要求下，希望程序盡量快速及避免不必要之浪費**㉒**。

一、聽證權

聽證權可區分為聽證與公聽會二種：

(一)聽　證

聽證，係指決定機關在決定前，聽取兩造當事人及利害關係人之意見，保障人民之聽證權，並提供對特定事實進行質證、辯駁之程序**㉓**。聽證係

---

⑲ 參見：湯德宗，《行政程序法論──論正當程序》，第 2 版，2005 年，第 110 頁。

⑳ 參見：湯德宗，〈論違反行政程序的法律效果〉，《月旦法學雜誌》，第 57 期，2000 年 2 月，第 150 頁。

㉑ 參見：蔡茂寅、李建良、林明鏘、周志宏合著，《行政程序法實用》，第 3 版，2006 年，第 175 頁。

㉒ 參見：陳明堂、郭宏榮，〈行政程序法上聽證運作之實務與技巧〉，《台灣研考雙月刊》，第 31 卷第 3 期，2007 年 06 月 01 日，頁 41-49。

㉓ 參見：羅傳賢，〈我國聽證制度之規範與實踐〉，法務部「我國聽證制度研討會議」參考資料，2014 年 6 月 27 日。

屬行政程序之「私法提前救濟❷」程序。我國行政程序中聽證之通則規定在行政程序法第 54 條至第 66 條，行政程序法中針對各個行政程序亦有應舉行聽證之規定，例如行政處分應行聽證之規定在第 102 條，行政計畫應行聽證之規定在第 164 條⋯⋯等。本文僅就通則規定作介紹：

1. 聽證之公告

依行政程序法第 55 條之規定：「行政機關舉行聽證前，應以書面記載下列事項，並通知當事人及其他已知之利害關係人，必要時並公告之⋯⋯。」行政機關舉行聽證前，應事先通知當事人或其他利害關係人，俾使其知所參與，亦得公告周知❷。上開規定之「公告」應屬任意公告之性質；至於強制公告，依同條第 2 項之規定，係指依法規之規定，舉行聽證應預先公告者，行政機關應將前項所列各款事項，登載於政府公報或以其他適當方法公告之。

而聽證公告後應預留多長期間始得舉行聽證，本法僅於第 55 條第 3 項規定「相當期間」。有學者❷認為，應參酌行政機關對人民申請案件之處理期間規定，至遲在聽證前 7 日以上 15 日以內舉行。我國實務上多預留 10 天以上之期間，以保障人民之權益❷。聽證通知發出後，依行政程序法第 56 條之規定有正當理由時，行政機關得依職權或當事人之申請，變更聽證期日或場所，行政機關仍應依行政程序法第 55 條通知或公告❷。

---

❷ 依行政程序法第 109 條之規定已有聽證程序者，免除訴願及其先行程序。葉俊榮，《面對行政程序法——轉型台灣的程序建制》，第 2 版，2010 年，第 129 頁。

❷ 參見：林秀蓮，台灣行政法學會，〈行政程序法有關聽證制度之檢討〉，《行政法人與組織改造、聽證制度評析》，2005 年 1 月，頁 263-317。

❷ 參見：蔡茂寅、李建良、林明鏘、周志宏合著，《行政程序法實用》，第 3 版，2006 年，第 181 頁。

❷ 參見：陳明堂、郭宏榮，〈行政程序法上聽證運作之實務與技巧〉，《台灣研考雙月刊》，第 31 卷第 3 期，2007 年 06 月 01 日，頁 41-49。

2. 聽證之主持

聽證之主持依行政程序法第 57 條之規定：「聽證，由行政機關首長或其指定人員為主持人，必要時得由律師、相關專業人員或其他熟諳法令之人員在場協助之」，蓋無論是行政首長或其他主持人未必熟諳法律，而當事人之代理人則有可能是律師或法學專家，為求平等，應允主持聽證之機關得獲專家之協助。

又為維持公平性，不論主持人是否為公務員，於其執行職務時皆屬實質之公務員，迴避制度及片面接觸禁止之規定，皆有所適用。

3. 聽證公開原則

聽證原則採公開言詞為之，然行政程序法第 59 條就例外之不公開有所規定，依行政程序法第 59 條第 2 項：「有下列各款情形之一者，主持人得依職權或當事人之申請，決定全部或一部不公開：一、公開顯然有違背公益之虞者。二、公開對當事人利益有造成重大損害之虞者。」

第 1 款之情形，若公開顯然違背公益之虞者或公開對當事人利益有造成重大所害之虞時，主持人得依職權或當事人之申請，決定公開與否；第 2 款之情形乃主持人不得依職權決定公開與否，主持人不得替當事人判斷是否對其利益有重大損害。

4. 當事人之異議權

依行政程序法第 63 條之規定：「當事人認為主持人於聽證程序進行中所為之處置違法或不當者，得即時聲明異議。主持人認為異議有理由者，應即撤銷原處置，認為無理由者，應即駁回異議。」當事人對該駁回異議不得聲明不服，僅得依行政程序法第 174 條之規定，於對實體決定聲明不服時一併提出，且該異議權專屬於當事人或其代理人，證人或鑑定人等均不得行使。

---

❶❷❽ 參見：吳庚，《行政法之理論與實用》，增修 12 版，2012 年，第 578 頁。

5. 預備聽證

依行政程序法第 58 條第 1 項之規定：「行政機關為使聽證順利進行，認為必要時，得於聽證期日前，舉行預備聽證。」是否舉行聽證，決定權屬行政機關，預備聽證之主持人由聽證主持人或其他職員擔任亦無不可。

6. 聽證紀錄

依行政程序法第 64 條第 1 項之規定「聽證，應作成聽證紀錄。」同條第 2 項規定:「前項紀錄應載明到場人所為陳述或發問之要旨及其提出之文書、證據，並記明當事人於聽證程序進行中聲明異議之事由及主持人對異議之處理。」第 3 項規定:「聽證紀錄，得以錄音、錄影輔助之。」聽證紀錄為行政機關作最終決定之重要依據，聽證之目的僅在聽取雙方意見，當場不宜做出任何具體結論。

㈡公聽會

公聽會與聽證皆屬民主參與程序之制度，但其具體內涵，法規並未明定，有學者認為兩者仍可加以區別。聽證程序主要是適用於行政機關做出不利益決定時，對處分相對人或利害關係人所提供之事實，釐清法律爭點，給予相對人與利害關係人提出證據之機會。公聽會則係行政機關作出行政命令、行政計畫、或影響多數人權益時，對於相對人、利害關係人、專家、社會公正人士廣泛的蒐集意見，作為參考之制度❶❷❾。一般認為聽證與公聽會仍有相異之處，以下概述:

1. 適用範圍不同

依行政程序法第 54 條之規定：「依本法或其他法規舉行聽證時，適用本節規定。」目前僅行政處分、法規命令及行政計畫適用聽證，並非一律全面適用。公聽會則無該限制。

---

❶❷❾ 參見：蔡茂寅，〈行政程序法草案之重要內容㈢──重要之程序規定〉，《行政程序法草案討論會論文集》，1999 年，第 93-95 頁。

2. 關係人不同

聽證係相對人受不利益處分時所給予之救濟程序，參與者多限於行政行為之特定相對人；公聽會則是廣泛的聽取人民之意見，多未考量參加者之利害關係。

3. 程序不同

聽證須經過行政程序法之程序，包括期日通知、預備聽證、聽證主持人、結束後聽證之紀錄等，均有所明定。公聽會則係便宜性規定，並未受嚴格之程序保障。

4. 效力不同

依行政程序法第 108 條第 1 項規定：「行政機關作成經聽證之行政處分時，除依第 43 條之規定外，並應斟酌全部聽證之結果。但法規明定應依聽證紀錄作成處分者，從其規定。」行政機關於聽證程序結束後，應斟酌全部之聽證結果，聽證紀錄拘束行政機關之終局決定；反之，公聽會一般認為無法拘束力。

	聽　證	公聽會
概念	不利益處分前之保障程序	蒐集資料
目的	釐清事實及法律上爭點	廣泛蒐集資料
進行方式	言詞辯論	聽取意見
紀錄	須作成聽證紀錄，終局決定須基於聽證紀錄內容	陳述書或言詞紀錄，終局決定無須基於該紀錄內容
程序	須依照行政程序法之規定，較繁重、耗時	簡易，基於便宜性
拘束力	須斟酌且行政機關具說理義務	僅供行政機關參考

此圖表參酌羅傳賢，〈我國聽證制度之規範與實踐〉，法務部「我國聽證制度研討會議」參考資料，2014 年 6 月 27 日。

二、陳述意見

陳述意見係屬聽證之下位概念，係狹義之聽證權[130]。依行政程序法第102條之規定：「行政機關作成限制或剝奪人民自由或權利之行政處分前，除已依第39條規定，通知處分相對人陳述意見，或決定舉行聽證者外，應給予該處分相對人陳述意見之機會。但法規另有規定者，從其規定。」該條將陳述意見之範圍限縮於行政機關於作成限制或剝奪人民自由或權利之行政處分時，即所謂「不利益處分」或「負擔處分」，行政機關於作成此類行政處分前皆須給予處分相對人陳述意見之權利。

(一)通知或公告

依行政程序法第104條第1項之規定：「行政機關依第102條給予相對人陳述意見之機會時，應以書面記載下列事項通知相對人，必要時並公告之：一、相對人及其住居所、事務所或營業所。二、將為限制或剝奪自由或權利行政處分之原因事實及法規依據。三、得依第105條提出陳述書之意旨。四、提出陳述書之期限及不提出之效果。五、其他必要事項。」所謂「必要時」，係指該行政處分可能涉及多數利害關係人，而有使其知悉並陳述意見之必要[131]。又因涉及多數利害關係人時，未必行政機關皆有所知悉，故以公告方式為之。

又為配合實務上運作之便宜性，行政程序法亦有言詞通知之規定，依行政程序法第104條第2項規定：「行政機關得以言詞通知相對人，並作成紀錄，向相對人朗讀或使閱覽後簽名或蓋章；其拒絕簽名或蓋章者，應記明其事由」。

---

[130] 參見：吳志光，《行政法》，第5版，2013年，第257頁。

[131] 參見：蔡茂寅、李建良、林明鏘、周志宏合著，《行政程序法實用》，第3版，2006年，第197頁。

(二)得不給予陳述意見之行政處分

基於行政效率及程序經濟上之考量❷，行政程序法第 103 條規定，就特定情形下，行政機關得不給予陳述意見之機會：「有下列各款情形之一者，行政機關得不給予陳述意見之機會：一、大量作成同種類之處分。二、情況急迫，如予陳述意見之機會，顯然違背公益者。三、受法定期間之限制，如予陳述意見之機會，顯然不能遵行者。四、行政強制執行時所採取之各種處置。五、行政處分所根據之事實，客觀上明白足以確認者。六、限制自由或權利之內容及程度，顯屬輕微，而無事先聽取相對人意見之必要者。七、相對人於提起訴願前依法律應向行政機關聲請再審查、異議、復查、重審或其他先行程序者。八、為避免處分相對人隱匿、移轉財產或潛逃出境，依法律所為保全或限制出境之處分。」

有學者❸認為該條所規範之範圍過廣，例如該條第 5 款所規定之事實客觀上明白足以確認，應不僅指行政機關調查事實證據之明確，尚應包括事實涵攝法律之明確。如最高行政法院 99 年判字第 218 號判決，上訴人因涉嫌養工處承包廠商使用再生瀝青道路鋪設工程弊案，臺北地檢署檢察官以上訴人涉嫌違犯貪污治罪條例第 4 條第 1 項第 5 款及第 5 條第 1 項第 3 款規定收受賄賂罪將其提起公訴，該判決內稱：「本件被上訴人認上訴人違失情節重大，對上訴人作成停職之處分，其所憑唯一證據即為上揭臺北地檢署起訴書，被上訴人對於上訴人是否確有收受賄賂而為違背職務之行為，並未另為調查，上訴人於原審已否認有起訴書所載之犯罪事實，並請求調查證據……然原審並未依職權調查，復未說明未為調查之理由，即有理由不備之違法。自難僅因公訴人之起訴，即謂上訴人違失情節重大之事實，『客觀上明白足以確認』」。

❷ 參見：蔡茂寅、李建良、林明鏘、周志宏合著，《行政程序法實用》，第 3 版，2006 年，第 195 頁。

❸ 參見：吳志光，《行政法》，第 5 版，2013 年，第 258 頁。

三、我國聽證程序之實踐

聽證制度本係為了落實民主主義、保障人民權益和提高行政效率，落實聽證制度係使行政行為正當化之重要程序之一，但現行實務上並未普遍適用。除法制上未完備應重新檢討外，相關之配套措施亦是聽證能否真正落實之重要關鍵❸。

聽證制度係人民參與行政程序之權利，現行實務並未普遍適用，行政權長期以來對人民居於上對下之地位，常有為方便而簡化之行為，排斥將行政決定之程序公開，導致社會上常有人民不服行政機關決定之事件發生。而行政機關對於「公聽會」與「聽證」之法律名詞未能清楚區分，國家在此應先對公務人員加強教育，對人民負起法治教育。

實務上最常發生人民與行政機關衝突之案件係土地徵收案，大法官於司法院釋字第709號解釋中對於都市更新條例作出違憲之解釋。該號釋字稱：「中華民國87年11月11日制定公布之都市更新條例第10條第1項有關主管機關核准都市更新事業概要之程序規定，未設置適當組織以審議都市更新事業概要，且未確保利害關係人知悉相關資訊及適時陳述意見之機會，與憲法要求之正當行政程序不符。……並未要求主管機關應將該計畫相關資訊，對更新單元內申請人以外之其他土地及合法建築物所有權人分別為送達，且未規定由主管機關以公開方式舉辦聽證，使利害關係人得到場以言詞為意見之陳述及論辯後，斟酌全部聽證紀錄，說明採納及不採納之理由作成核定，連同已核定之都市更新事業計畫，分別送達更新單元內各土地及合法建築物所有權人、他項權利人、囑託限制登記機關及預告登

---

❸ 參見：林秀蓮，台灣行政法學會，〈行政程序法有關聽證制度之檢討〉，《行政法人與組織改造、聽證制度評析》，2005年1月，頁263–317。

記請求權人，亦不符憲法要求之正當行政程序」將都市更新條例中對於行政機關侵害人民居住權，但未落實正當聽證程序之部分予以宣告違憲。

參、公開原則──資訊公開

資訊公開 (*freedom of information*) 係程序公開之前提，亦屬政府施政之正當性之重要依據。立法院於 2005 年完成政府資訊公開法，並將行政程序法第 44 條、第 45 條納入其中，「資訊公開」制度仿自於美國立法例，「閱覽卷宗」則仿自德國立法例，而我國兼採兩者，但政府資訊公開法公布後，雖同時廢除行政程序法第 44 條與第 45 條，但第 46 條仍予以維持，兩者適用上仍有疑義**❿**，本文將分述資訊公開與閱覽卷宗之概論。

一、政府資訊公開法

㈠功　能

依政府資訊公開法第 1 條之規定：「為建立政府資訊公開制度，便利人民共享及公平利用政府資訊，保障人民知的權利，增進人民對公共事務之瞭解、信賴及監督，並促進民主參與，特制定本法。」本法之制定有實現人民知之權利、賦予人民監督政府之權力，並促進人民參與政治活動。有學者**❿**謂，所謂之「資訊公開」，係指人民及社會團體有取得政府資料與記錄之權利，且政府有將人民要求之資料予以公開之義務。

㈡權利主體

依政府資訊公開法之規定，資訊公開有「主動公開」與「被動公開」

---

❿ 參見：湯德宗，〈論資訊公開與卷宗閱覽──行政法院相關判決評釋〉，《行政管制與行政爭訟》，2005 年，第 126 頁。

❿ 參見：羅傳賢，《行政程序法基礎理論》，初版，1993 年，第 107 頁。

兩種，前者係指行政機關有主動公開特定資訊予人民知悉之義務；後者依已廢除之行政資訊公開辦法第 6 條之規定：「行政資訊應依本辦法主動公開或應人民請求提供之。」任何人皆可向政府申請公開行政資訊❼，現行法規則為政府資訊公開法第 9 條至第 17 條。

(三)權利期間

人民請求政府公開資訊並無期間之限制。而依已廢棄之政府資訊公開辦法第 7 條規範行政機關應公開行政資訊之期間，該條規定：「行政資訊，行政機關應於作成或取得之日起 3 個月內，製作目錄，並將目錄刊載於政府公報、其他出版品或公開於電腦網站。」但於政府資訊公開法草案中遭到刪除，此舉將造成行政機關無須主動公開資訊並公告該資訊，政府應公開而未公開之情形下，人民亦無從得知何種政府資訊得以公開閱覽、抄錄❽。

(四)個案性

政府資訊公開為任何人於任何時點皆可申請，非為個案存在，有學者❾謂，資訊公開之個案性即屬「閱覽卷宗」。

(五)例 外

依政府資訊公開法第 18 條第 1 項之規定：「政府資訊屬於下列各款情形之一者，應限制公開或不予提供之：一、經依法核定為國家機密或其他法律、法規命令規定應秘密事項或限制、禁止公開者。二、公開或提供有礙犯罪之偵查、追訴、執行或足以妨害刑事被告受公正之裁判或有危害他人生命、身體、自由、財產者。三、政府機關作成意思決定前，內部單位

---

❼ 參見：湯德宗，〈論資訊公開與卷宗閱覽——行政法院相關判決評釋〉，《行政管制與行政爭訟》，2005 年，第 147 頁。

❽ 參見：蔡茂寅、李建良、林明鏘、周志宏合著，《行政程序法實用》，第 3 版，2006 年，第 119 頁。

❾ 參見：蔡茂寅、李建良、林明鏘、周志宏合著，《行政程序法實用》，第 3 版，2006 年，第 137 頁。

之擬稿或其他準備作業。但對公益有必要者，得公開或提供之。四、政府機關為實施監督、管理、檢（調）查、取締等業務，而取得或製作監督、管理、檢（調）查、取締對象之相關資料，其公開或提供將對實施目的造成困難或妨害者。五、有關專門知識、技能或資格所為之考試、檢定或鑑定等有關資料，其公開或提供將影響其公正效率之執行者。六、公開或提供有侵害個人隱私、職業上秘密或著作權人之公開發表權者。但對公益有必要或為保護人民生命、身體、健康有必要或經當事人同意者，不在此限。七、個人、法人或團體營業上秘密或經營事業有關之資訊，其公開或提供有侵害該個人、法人或團體之權利、競爭地位或其他正當利益者。但對公益有必要或為保護人民生命、身體、健康有必要或經當事人同意者，不在此限。八、為保存文化資產必須特別管理，而公開或提供有滅失或減損其價值之虞者。九、公營事業機構經營之有關資料，其公開或提供將妨害其經營上之正當利益者。但對公益有必要者，得公開或提供之。」如該資訊涉及到國家整體利益、個人隱私或公務執行時應有所限制，而本條有諸多不確定法律概念，應從嚴解釋，以保障人民知之權利。

　　而本條第 2 項規定：「政府資訊含有前項各款限制公開或不予提供之事項者，應僅就其他部分公開或提供之。」此即所謂「分離原則」❹，僅就其得公開之部份公布之。

● 二、閱覽卷宗

　　依行政程序法第 46 條第 1 項：「當事人或利害關係人得向行政機關申請閱覽、抄寫、複印或攝影有關資料或卷宗。但以主張或維護其法律上利

---

❹ 本條立法草案稱：「政府資訊中若含有限制公開或不予提供之部分，並非該資訊之全部內容者，政府機關應將限制公開或不予提供之部分除去後，僅公開或提供其餘部分，此即所謂之『分離原則』。」

益有必要者為限。」在行政程序中，為維護與主張法律上之利益，必須對於程序進行有關之事項，給予其閱覽相關資料與卷宗之權利。又為維護個人隱私，本條之規定僅限於有必要者為限❹。

(一)功　能

閱覽卷宗係為了保障當事人與利害關係人於行政程序進行中行使「聽證權」，使其有所答辯。又閱覽卷宗乃附屬於行政程序之權利，係為實現公開原則與武器平等原則。學說上亦有稱閱覽卷宗係根據法治國原則及民主原則❹。

(二)權利主體

有權聲請者以當事人或利害關係人為限，此所謂之利害關係人係指行政程序法第 23 條之規定，其權利及法律上利益將因程序之進行而受影響之第三人；否則應屬當事人之範疇❹。

(三)權利期間

依法務部 99 年法律字第 031200 號函釋，將閱覽卷宗之期間明定為，行政程序進行中或行政程序終結後法定救濟前。

(四)個案性

閱覽卷宗權僅當事人與利害關係人可得主張，故無個案及無當事人與利害關係人，則不得主張，故閱覽卷宗具個案性。

(五)例　外

依行政程序法第 46 條第 2 項、第 3 項規定：「行政機關對前項之申請，

❹ 為滿足人民知之權利，同時保障人民之隱私權，民主法治國家通常都建立「資訊公開」與「個人資訊保護」兩種制度。參閱羅傳賢，《行政程序法基礎理論》，初版，1993 年，第 113-114 頁。

❹ 參見：陳敏，《行政法總論》，第 8 版，2013 年 9 月，第 807 頁。

❹ 參見：湯德宗，〈論資訊公開與卷宗閱覽──行政法院相關判決評釋〉，《行政管制與行政爭訟》，2005 年，第 147 頁。

除有下列情形之一者外，不得拒絕：一、行政決定前之擬稿或其他準備作業文件。二、涉及國防、軍事、外交及一般公務機密，依法規規定有保密之必要者。三、涉及個人隱私、職業秘密、營業秘密，依法規規定有保密之必要者。四、有侵害第三人權利之虞者。五、有嚴重妨礙有關社會治安、公共安全或其他公共利益之職務正常進行之虞者。前項第二款及第三款無保密必要之部分，仍應准許閱覽。」准否閱覽卷宗係屬行政程序法第 174 條之程序行為，非行政處分，故當事人僅得於實體不服時一併聲明，不得單獨請求救濟。

依條文之規定，行政程序法第 46 條第 2 項、第 3 項構成行政機關「得」拒絕閱覽事由。有學者❹認為，於此情形下行政機關係「應」拒絕其閱覽，方屬無瑕疵之裁量。

有學者❺認為，於下列三種例外情形，應許即時給予救濟：1.案件繫屬於甲機關，而資料存放於乙機關，當事人向乙機關申請，對該機關而言，係獨立之申請。申請人應可提起一般給付訴訟，請求法院判命掌管資料之機關給予申請人抄閱之機會。2.程序行為得強制執行者。3.利害關係人非本案實體決定之當事人無從一併聲明不服或事後聲明不服已無實益者。

	資訊公開請求權	閱覽卷宗請求權
法源	政府資訊公開法	行政程序法
權利性質	我國國民（外國人採平等互惠原則）	當事人與利害關係人
行使期間	實體權利	程序權利
准駁性質	任何時期	行政程序開始後，至行政程序終結後法定救濟期間經過前

此圖參考：林明鏘，《行政法講義》，初版，2014 年，第 363 頁。

---

❹ 參見：陳敏，《行政法總論》，第 8 版，2013 年 9 月，第 807 頁。

❺ 參見：吳庚，《行政法之理論與實用》，增修 12 版，2012 年，第 572–573 頁。

三、我國資訊公開之現狀

以最高行政法院 102 年判字第 746 號判決為例，上訴人為南門國中之教師，於民國 98 學年度成績考核經南門國中（被上訴人）審認符合公立高級中等以下學校教師成績考辦法第 4 條第 1 項第 2 款規定，核定上訴人晉年功薪一級並給與半個月薪給總額之一次獎金，上訴人不服，向臺北市教師申訴評議委員會提出申訴，經該會函送評議決定為無理由，駁回。嗣上訴人以其擬向教育部提起再申訴須相關資料為由，向南門國中申請其 98 學年度成績考核資料、會議紀錄等，經南門國中函復否准所請，進而提起行政訴訟。

該號判決中上訴人主張其所申請之文件屬皆屬南門國中於職權範圍內作成或取得而存在於文書、圖畫、照片……等媒介物，得以讀、看、聽或以技術、輔助方法等理解之任何紀錄內之訊息，依政府資訊公開法第 3 條規定，屬於政府資訊。南門國中則稱該文件屬北市南門中人字第 09930487600 號 98 學年度教師成績考核通知書所作行政決定前之擬稿或其他準備作業文件，應不予提供上訴人申請閱覽。再者，上訴人主張南門國中違反政府資訊公開法第 7 條主動公開合議制機關之會議紀錄，按政府資訊公開法第 7 條所稱合議制機關。依同法第 7 條第 3 項規定，係指依法獨立行使職權之成員組成之決策性機關，被上訴人教師成績考核委員會，係依據考核辦法第 8 條規定所組成，非屬依法獨立行使職權之成員組成之決策性機關，故有政府資訊公開法第 18 條第 1 項第 3 款、第 6 款之適用，且此部分資料僅涉及上訴人個人私益，與公益無關，不應公開，如公開對於考核程序中表達意見之成員將造成其困難並妨礙其權益。

法院判決認為，政府資訊公開法第三章規範之「申請提供政府資訊」，在性質上是屬於「一般性之被動資訊公開」，應與行政程序法第 46 條規定

「特定個案之被動資訊公開」，嚴加區別。本件上訴人申請南門國中提供之資料，核屬「特定個案之被動資訊公開」，與「一般性之被動資訊公開」無涉，其主張依政府資訊公開法請求提供該等資訊，容屬誤解。又本件上訴人請求南門國中提供之 98 學年度教職員成績考核會議紀錄、98 學年度考核資料及上訴人 98 學年度成績考核紀錄表，核屬南門國中依考核辦法作成教師成績考核決定前之擬稿及其他準備作業文件，且與公益無涉，依政府資訊公開法第 18 條第 1 項第 3 款規定不予提供，於法並無違誤。

因我國兼採資訊公開與閱覽卷宗制度，於兩者競合時應如何適用即屬問題。於該判決內可知，法院係採「一般性被動」與「個案性被動」之差異，政府資訊公開屬一般性被動；而行政程序法第 46 條之規定屬個案性被動。

有學者[146]認為，因我國兼採兩制度，且資訊公開之限制顯較閱覽卷宗為少，為避免閱覽卷宗成為具文，應依照「特別法優先於一般法」原則，認為閱覽卷宗權利應優先於資訊公開請求權；如有數種閱覽卷宗請求權或資訊公開請求權可利用時，應先決定各請求權「體系內」的適用順序，再決定閱覽卷宗與資訊公開「體系間」的適用順序。

而我國學說[147]上多數皆認為資訊公開原則應採「主動原則」，行政機關應不待人民之申請，即應行發布，並適時公開，始得不妨礙人民參與作成決定之機會，並非如實務所採之被動原則。

---

[146] 參見：湯德宗，〈論資訊公開與卷宗閱覽——行政法院相關判決評釋〉，《行政管制與行政爭訟》，2005 年，第 156 頁。

[147] 參見：陳敏，《行政法總論》，第 8 版，2013 年 9 月，第 818 頁；蔡茂寅、李建良、林明鏘、周志宏合著，《行政程序法實用》，第 3 版，2006 年，第 111 頁。

第七節　不當聯結禁止原則

壹、不當聯結禁止概念

現代民主國家中，大部份行政行為均是透過法律、命令及自治法規予以規範。因此，行政機關作成行政行為以追求一定的行政目的時，必須遵守法律、命令及自治法規之規定。然而有些行政法上一般原理原則並非由實定法明文規定，而是由憲法及行政法原則推論而來，不當聯結禁止原則即屬一例。

不當聯結禁止原則 (*Kopplungsverbot*)，係指國家權力機關在其權力作用上，應只考慮到合乎事物本質之要素，不可將與法律意旨及目的無關之法律或事實要素納入考慮❶❹❽。在法治社會下，行政權須履行特定行政任務，執行任務過程中不免侵害人民基本權利，而建構並課予行政機關遵守不當聯結禁止原則，主要係防止行政機關濫用權力。詳言之，行政機關行使公權力時，不得將不具事理上關聯之事項與其所欲採取之措施或決定相互結合❶❹❾。

何謂「事理上關聯」？判斷時，必須回頭探尋法律對於系爭措施所設定之要件或規範意旨，若行政機關所聯結之事項與系爭法規意旨相同或類似者，即屬具有合理之關聯。行政機關乃握有權力之國家機關，在保障人民基本權利前提下，行政機關在行使權力時，被要求只能考慮與事物本質有關之要素，不得隨意變更法規範之意思內容或將與目的不相關之情事納入考量範圍。

綜上，此項原則最重要功能，係不讓掌握公權力之行政機關為達成 A

---

❶❹❽ 參見：李惠宗，《行政法要義》，第 6 版，2012 年 9 月，第 134 頁。

❶❹❾ 參見：吳志光，《行政法》，第 5 版，2013 年，第 32 頁。

目的，使用和 A 無關之 B、C、D 手段，進而造成人民不必要負擔。行政機關為行政行為時，須避免此一狀況，以保障人民基本權利。

貳、法理依據

理解不當聯結禁止原則概念後，須進一步探尋不當聯結禁止原則之法理依據。惟不當聯結禁止原則之法理依據未有定見，有論者以為，不當聯結禁止原則乃直接從比例原則（禁止過分原則），間接從法治國原則推導得出❿；另有論者主張，不當聯結禁止原則係禁止行政機關率斷作成行政行為，故以應禁止恣意作為理論基礎❺；復有論者以為，依我國憲法第 23 條規定，凡任何限制人民的措施須要有法律規定，而不當聯結禁止原則作為限制國家公權力之作用界線，應以此一規範作為該項原則之憲法基礎❻。以下茲就各種不同見解分別說明之：

一、法治國原則說

法治國原則係要求國家必須依法而治，國家的組織及行政要有客觀的法規範呈現，而正當其統治權的行使。所以在法治國原則的要求下，國家任何的行政行為，不容許行政人員或執法者任意決定，必須有法律為依據，法律係行政機關行使權力之根據與界限。

進一步言，對行政者要求依據法律規範為一定行為，學理上稱為依法

---

❿ 參見：葉俊榮，〈行政裁量與司法審查〉，國立臺灣大學法律研究所碩士論文，1985 年，第 202 頁。

❺ 參見：林錫堯，〈論行政法之一般法律原則（下）〉，《財稅人員進修月刊》，第 66 期，1988 年，第 13 頁。

❻ 參見：趙義德，〈析論不當聯結禁止原則〉，城仲模主編，《行政法之一般法律原則㈠》，再版，1999 年 3 月，第 223 頁。

行政原則。依法行政原則包含：法律優位原則與法律保留原則。其中法律保留原則要求行政機關為特定行政行為時須有法律的授權，意味著行政機關不得有任意的作為自由，必須有法律的授權取得合法性才得為之，這是積極的要求特定行政行為須有法律授權為基礎，以法律來控制行政行為，故又稱積極的依法行政。從法律授權角度觀之，不當聯結禁止原則強調行政行為與人民所負給付或不利益間，須有實質的內在關聯，否則不得互相聯結。因此，法律保留亦可延伸出不當聯結禁止原則，作為行政機關為行政行為時與人民產生關聯之合法化基礎。

二、比例原則說

比例原則係指國家的行政行為為了達成某一特定目的，其所採取的手段必須合理、合比例的原則，就如同俗諺「殺雞焉用牛刀」的意思。蓋手段與目的間必須符合適當性、必要性、狹義比例性。司法院釋字第 476 號解釋中亦說明，倘與憲法第 23 條所要求之目的正當性、手段必要性、限制妥當性符合，即無乖於比例原則，此係大法官對比例原則的描繪。爰此，行政機關決定為特定行為時，必須考慮與事件相關之因素，倘將與事件無關因素納入考慮，進而決定採取某種行為，勢必導致手段與目的間不符合比例原則之結果。是以，不當連結禁止原則得從比例原則中推導得出。

三、禁止恣意原則說

禁止恣意原則是從平等原則所衍生出來的概念，德國聯邦憲法法院將其基本法第 3 條第 1 項解釋為禁止恣意之原則而建立下述著名公式：如果一個法律上之區別對待或相同對待不能有一個合乎理性、自事物本質或其他事理上可使人明白之理由，即係違反禁止恣意原則。

禁止恣意原則是公法上重要原則之一，基於禁止恣意原則，行政機關

僅得基於實質觀點而為決定與行為，且行政機關任何措施與所處理之事實狀態間，必須保持適度之關係。禁止恣意原則除禁止故意的恣意行為外，尚禁止任何客觀上違反憲法基本精神及事物本質之行為。據此，所謂恣意，與「欠缺合理的、充分的實質上理由」同義。

行政機關在為裁量時，故意或疏忽遺漏重要事項導致人民的不利益，或行政機關應該指示不諳法律的人民受有法律保障，卻因行政機關未指示而讓人民受損害，這些都屬恣意行為。行政機關因恣意對人民所為的不利益負擔或給付，與行政行為間欠缺合理的聯結關係，即違反不當聯結禁止原則。由此可見禁止恣意原則的要求和不當聯結禁止原則具有同質性，可作為不當聯結禁止原則的法理依據。

四、本文見解

綜上各說，本文認為禁止恣意原則說更為可採，因為禁止恣意原則與不當聯結禁止原則均注重事物本質與合目的性。事物本質相當於我國之「事理之當然」或「情事之應然」；而合目的性，係指作為手段差別待遇與所追求目的問題有合理關聯、正當關聯或邏輯一貫，此處平等原則與不當聯結禁止原則判準甚為相同。

參、不當聯結禁止原則之判準及適用領域

一、不當聯結禁止原則之判準

當行政機關和人民發生權利義務關係時，在何種情況下行政機關所作成之決定符合不當聯結禁止原則之要求？在何種情況下係屬違反不當聯結禁止原則？爰此，須要進一步說明的問題是，以何種判斷標準操作審查此項原則。

㈠目的與手段之合理聯結

透過比例原則之操作，衡斷手段與目的間之關聯性，不當聯結禁止原則亦包括此內涵，因為行政機關為了達成一個行政目的可能會有多種方式，所以行政機關必須選擇一個與所欲達成目的有合理關聯的手段。所謂的合理聯結不外乎適合性、必須性及比例性的貫徹，詳言之，任何手段的實施都是為了使目的達成更加順利，在這前提下不管對私益或公益都要選擇侵害最小的手段，而且手段不可與欲追求的目的不合比例，如此才能調和公、私益的界限。

強調目的與手段的合理關係，是為了證明就算目的如何崇高，不正當的手段還是無法正當化，不可有為達目的不擇手段的作法，在民主法治的國家中，「手段價值」的尊重往往比「目的價值」來得重要。所以行政機關在選擇一個手段時必須審慎評估，使目的與手段間有合理的關聯，才符合不當聯結禁止原則的內涵。

㈡對待給付間實質上關聯

此種型態是出現在行政機關與人民有互負對待給付的公法契約中，一般稱行政契約。何謂行政契約，有論者謂，行政契約係二以上之法律主體，以設定、變更或消滅行政法法律關係為目的，互為意思表示而合致成立之法律行為。行政契約亦如同私法契約，係由二以上之法律主體，為達成共同之法律效果，互為要約、承諾之意思表示而獲得合意。惟此之為法律主體者，就行政而言，係指具有法律人格之行政主體。行政主體通常經由其所屬行政機關代表，對外作成法律行為。因此實質之行政契約當事人為行政主體，而非行政機關。至於行政契約與其他契約不同者，則在於其以發生行政法上法律效果為目的❸。

人民與行政機關通常是藉由行政處分發生公法上的法律效果，但人民

---

❸ 參見：陳敏，《行政法總論》，第 8 版，2013 年 9 月，第 562 頁。

與行政機關不當然只有上下的從屬關係，藉由行政契約此種平行的方式亦能達到行政上公權力的本質。契約當事人間當然必須負對待給付的義務，然而行政機關還是相對掌握多數權力的一方，應使對待給付間達到均衡，避免人民因在強勢的行政機關壓迫下，約定了不相當的給付義務，遭受不公平不利益的對待，所以人民與行政機關的對待給付間應具有實質上的關聯，此為不當聯結禁止原則的體現，具有杜絕行政機關「出售公權力」及保護人民權益之雙重功能❿。

(三)不相關因素考慮之禁止

行政機關在作任何決定時，必須多方面的考慮各種因素，避免決定不當而造成人民困擾，若行政機關作成之決定是依據不相關的因素，那此決定當然牴觸不當聯結禁止原則，亦是違法的決定。

二、不當聯結禁止原則之適用領域

(一)行政契約

行政機關可以選擇訂立公法契約代替行政處分，但是不得因得到人民的承諾而擴張其職權，或以人民承諾而正當化其違法行為❿，使得原本非法的行政處分措施，藉由公法契約以達成目的；尤其不得任意要求契約相對人提供一定之對待給付，俾防止行政官署以職務上本應執行之事項，作為討價還價之對象，亦即禁止官署利用其優越地位，將執行職務作商業化之運用❿。例如：依法對某地原本不得徵收，或者得徵收但須為鉅額補償，

---

❿ 〈行政法之研究——行政程序法草案〉，《經濟建設委員會法規研究報告 1007》，由國立臺灣大學受託研究，1999 年 12 月，第 123 頁。

❿ 參見：吳庚，〈行政契約之基本問題〉，《臺大法學論叢》，第 7 卷 2 期，1978 年 6 月，第 127–128 頁。

❿ 〈行政法之研究——行政程序法草案〉，《經濟建設委員會法規研究報告 1007》，由國立臺灣大學受託研究，1999 年 12 月，第 118 頁。

行政機關乃以公法契約的形式，一方面允許所有人在該地為某種特殊營業，另一方面要求其捐贈土地，此種情形，官署的義務（為營業許可）與人民得對待給付（捐贈土地）根本無事理上的關聯，因而違反了不當聯結禁止。對此，德國在 1976 年行政程序法已有明文，該法第 56 條第 1 項規定：「如契約中約定，為一定目的而為對待給付，且能有助於官署遂行其公務時，得締結第 54 條第 2 項所謂公法契約，而使契約相對人對官署負對待給付之義務，對待給付依全部情況應相當，且應與官署之契約上義務有實質關係存在。」第 2 項進一步規定：「如對官署之給付有請求權時，則約定以此為對待給付者，僅限於作成行政處分時，依第 36 條得將其作為付款之內容者，始得訂立之❺❼。」

　　我國相關條文規定於行政程序法第 137 條：「行政機關與人民締結行政契約，互負給付義務者，應符合下列各款之規定：一、契約中應約定人民給付之特定用途。二、人民之給付有助於行政機關執行其職務。三、人民之給付與行政機關之給付應相當，並具有正當合理之關聯。行政處分之作成，行政機關無裁量權時，代替該行政處分之行政契約所約定之人民給付，以依第 93 條第 1 項規定得為附款者為限。第 1 項契約應載明人民給付之特定用途及僅供該特定用途使用之意旨。」

　　依此來對照我國的實例，臺北縣（現新北市）政府財力有限，無以徵購公共設施保留地，於是採取變通措施，報請省政府，希望將部分公共設施用地面積縮小，同意地主無償捐出半數土地，而另一半土地變更為住宅區域或商業區。此一結構就是利用行政契約的行為模式，遂行其目標，臺北縣政府在契約中之對待給付義務為將公共設施保留之一半變更為住宅或商業區，然而地主的對待給付義務為捐出土地一半，兩者間欠缺事理上關

---

❺❼ 參見：翁岳生，〈論「不確定法律概念」與行政裁量之關係〉，《行政法與現代法治國家，臺大法學叢書㈡》，第 3 版，1979 年，第 281–282 頁。

聯，已違反不當聯結禁止原則，故應屬違法。

(二)行政處分之附款

有論者謂，行政處分係行政機關對特定事件所為之規定。因此，每一個行政處分，在概念上原皆含有一個不可或缺之規制效果。惟有時一行政處分，除該「主要規制」外，並另以「附加規定」對主要規制加以補充或限制。該附加規定，相對於行政處分之主要規制而言，即行政處分之「附款」。因此，所謂「行政處分之附款」者，即添加於行政處分之「主要規制」而用以補充或限制該主要規制之「附加規定」❶❺❽。行政程序法第93條規定：「行政機關作成行政處分有裁量權時，得為附款。無裁量權者，以法律有明文規定或為確保行政處分法定要件之履行而以該要件為附款內容者為限，始得為之。前項所稱之附款如下：一、期限。二、條件。三、負擔。四、保留行政處分之廢止權。五、保留負擔之事後附加或變更。」

不當聯結禁止原則對行政處分的適用，以裁量處分為限。行政機關為授益行政處分且有裁量餘地時，固得增加附款，但最終還是不能以附款為手段，追求額外的利益。所以，附款的附加，應與行政機關的主行政處分有事理上的關聯，德國1976年行政程序法第36條第3項規定：「附款不得與行政處分之目的牴觸。」也是依照此意旨。因此，人民申請核發建築許可時，苟因該許可之頒發將對大眾或行政機關造成某些花費，而此一花費若責成申請人繳交即可以消弭，則行政機關為建築許可之頒授同時課以申請人繳納一定金額負擔，並不違反不當聯結禁止原則，因為該負擔與該高權措施（許可）有事物本質的關聯。反之，若人民申請於住宅巷道裝設路燈，而主管機關責成申請人繳納該地區之消防基金，則有違不當聯結禁止原則，因為消防基金和路燈裝設兩者之間並無事理上的關聯。

---

❶❺❽ 參見：陳敏，《行政法總論》，第8版，2013年9月，第507頁。

㈢行政法上強制執行領域

　　所謂行政強制執行或行政執行，有學者⑮謂：「原係人民不履行其行政法義務時，行政機關以強制之方法使其履行，或實現與履行相同之狀態。」惟各國立法例上，亦有將未經事先以行政處分設定行政法義務之即時強制納入行政執行之概念者。我國現行行政執行法第 2 條亦規定：「本法所稱行政執行，指公法上金錢給付義務、行為或不行為之強制執行及即時強制。」

　　行政強制執行即是行政機關為了實現行政的目的，基於權力作用，依據法律或本於法律為行政處分，課以人民某特定公法上之義務，於義務人任意不履行其義務時，以獨自之強制方式，就將來可能之不利益給予義務人心理上之恫嚇，或予義務人物理上之壓制，以逼使義務人履行、遵守其義務或使其實現與已履行義務同一狀態之行政作用。

　　行政機關如果採取強制執行的措施，勢必影響到人民的自由權利，必須要有法律的依據才可以執行，最主要的法律依據為行政執行法。根據行政執行法規定，行政上強制執行之手段，主要可分間接與直接強制處分二種，此外尚可增列即時強制與強制徵收（給付義務之強制）二種措施。而依行政執行法第 28 條規定間接強制處分又分為代履行及怠金二種，直接強制分： 1.扣留、收取交付、解除占有、處置、使用或限制使用動產、不動產。 2.進入、封閉、拆除住宅、建築物或其他處所。 3.收繳、註銷證照。 4.斷絕營業所必須之自來水、電力或其他能源。 5.其他以實力直接實現與履行義務同一內容狀態之方法。不管行政機關採取何種強制措施，強制手段顯然比其他行政行為較為激烈，對人民權益的侵害甚為嚴重，所以在行政強制領域必須更加注意手段與目的間是否合乎不當聯結禁止原則，如果沒有必要，則應當避免採取強制措施手段。例如，沒有行政執行法第 37 條第 1 項所列各款情形，不可對人民採取管束處分，否則即對人身自由有重

---

⑮ 參見：陳敏，《行政法總論》，第 8 版，2013 年 9 月，第 838 頁。

大侵害，行政機關對此種法定要件是否考慮完整，其最核心的衡量原則，當屬不當聯結禁止原則，如此才可使行政執行更合理妥當。

㈣行政罰領域

行政機關為了貫徹法律的執行，實現行政上的目的，得以行政主體之地位，對人民行使制裁權。人民生活在法治國乃負有遵守法律之義務，在行政法法律關係上亦同，違反義務即應當受到制裁。所以，國家在行政法法律關係下擁有制裁權，可對違反義務的人民採取強制措施亦可對其違法行為施予各種處罰。

行政罰的種類極多，散見在各種行政法規，但不管名稱如何，都會影響人民的權益，當然就必須要有法律規定為依據，所採取的處罰手段，亦應與違反義務之行為間具有合理關聯性存在，不得違反不當聯結禁止原則。

肆、實務案例

該號判決所涉之事實為原告於 88 年 2 月 23 日以書面函請被告換發自用小客車汽車行車執照，被告機關以「違規案件未清，請附罰單收據一併寄回」為由，予以退件。原告不服，提起訴願及再訴願，亦遭決定駁回，遂提起行政訴訟。

最高行政法院於 90 年判字第 1704 號判決中對不當聯結禁止原則清楚且詳細論述。按該判決之推論方式如下：

一、「依法行政」為行政機關為行政行為時所須遵守的首要原則，而「不當聯結禁止原則」即是由憲法及行政法上的基本原理原則推論而來。蓋行政機關為行政行為對人民發生效力時，往往課人民一定之義務或負擔，抑或造成人民其他之不利益，此固為追求一定行政目的所使然，但對人民造成不利益所採取之手段，必須與行政機關所追求之目的間有合理之聯結

關係存在，以維護人民之基本權利，並使人民能心悅誠服地接受行政行為之拘束，此種目的與手段間有合理的聯結關係，即為不當聯結禁止原則之具體表現。此外在特定情況下，行政機關要求之對待給付，必須與其所負之給付義務間在實質上相對稱，此亦為不當聯結之禁止之實質內涵。

　　二、汽車行車執照乃為汽車之車籍資料，其所以規定在一定期限內必須換發新行車執照(違反者依道路交通管理處罰條例第 15 條第 1 項第 5 款處汽車所有人或領用人新臺幣 900 元以上 1800 元以下罰鍰)主要目的在於監督汽車概況，以確保汽車行駛品質，進而維護人民生命、身體、財產法益。而罰鍰不繳納，所涉及者，為行政秩序罰之執行問題，故換發汽車行車執照，與汽車所有人是否有違規案件未清係屬二事，二者欠缺實質上之內在關聯，故二者不得相互聯結，已昭然若揭。

　　三、行政機關追求一定之行政目的，或許有數個手段可採用，此時應擇與目的之達成有合理聯結之手段，亦即比例原則中之妥當性、必要性及比例性之貫徹。實因任何高尚的目的，亦無法將卑鄙的手段正當化；在一民主法治國家裡，「手段價值的尊重」，絕對比「目的價值的尊重」來得重要。故行政機關於行為之際，若能明乎此，慎選手段，使目的與手段間獲得合理的聯結，始符合「不當聯結禁止原則」之真諦。故統一裁罰標準及處理細則第 44 條第 2 項已屬違憲違法之命令。

　　此判決中最高行政法院首先提出不當聯結禁止原則內涵，說明行政機關採取之手段必須與所追求之行政目的二者間具有合理聯結關係，以維護人民之基本權利，亦即，目的手段間必須有合理之關聯。換發行車執照的目的為何？一般來說，行車執照係車輛的身分證，而車輛也是人的動產，行車執照有表彰人對該車輛的所有權，行政機關透過定期換發行車執照，主要目的為掌握汽車狀況，以確保汽車行駛品質進而維護人民生命、身體、財產法益；而罰鍰未繳納係行政秩序罰的問題，故換發行車執照與汽車所

有人違規罰鍰未繳納欠缺實質上關聯，故兩者不得互相聯結。本文須再次強調手段與目的間之關係，手段的選擇必須慎重，使得手段目的有合理關聯，始符合不當聯結禁止原則之精神 ❿。最高行政法院以不當聯結禁止原則作為審查行政行為適法性之推論過程與結論，值得贊同。

---

❿ 相關判決評釋請參照：李惠宗，〈繳清罰鍰才能換行照嗎?〉，《台灣本土法學雜誌》，第 30 期，2002 年 1 月，第 91-93 頁。

參考書目

中文專書：

1. 臺中高等行政法院編，《行政法實務研究》，2010 年 6 月。

2. 台灣行政法學會，《行政法爭議問題研究（上）》，2001 年 8 月，初刷。

3. 李震山，《行政法導論》，2012 年 9 月，第 10 版，三民出版。

4. 李惠宗，《行政法要義》，2012 年 9 月，第 6 版，元照出版。

5. 李建良，《行政法基本十講》，2011 年 3 月，初版，元照出版。

6. 吳庚，《行政法之理論與實用》，2015 年，增訂 13 版，自版。

7. 吳志光，《行政法》，2013 年 9 月，5 版 2 刷，新學林出版。

8. 林明鏘，《國土計畫法學研究》，2006 年 11 月，元照出版。

9. 林錫堯，《行政法要義》，2006 年 9 月，3 版，元照出版。

10. 陳慈陽主編，《行政法實例研習》，2014 年 8 月，2 版，元照出版。

11. 城仲模，《行政法之一般原理原則㈡》，1997 年，初版，三民出版。

12. 翁岳生，《行政法與現代法治國家》，《臺大法學叢書㈡》，1979 年，3 版。

13. 翁岳生，《行政法（上）》，2006 年，元照出版。

14. 莊國榮，《行政法》，2014 年 9 月，增訂 2 版，元照出版。

15. 陳敏，《行政法總論》，2013 年 9 月，8 版，自版。

16. 陳慈陽，《行政法學總論——基本原理、行政程序及行政行為》，2005 年 10 月，2 版，元照出版。

17. 陳新民，《行政法》，2005 年，自版。

18. 湯德宗，《行政程序法論——論正當程序》，2005 年，2 版，元照出版。

19. 蔡震榮，《行政法概要》，2012 年 10 月，初版，五南出版。

20. 羅傳賢，《行政程序法基礎理論》，1993 年，初版，五南出版。

21. 蔡茂寅、李建良、林明鏘、周志宏合著，《行政程序法實用》，2013 年 11 月，修訂 4 版，元照出版。

重要期刊論文列舉：

1. 王文忠，〈平等在公務員考試制度之作用〉，《考銓季刊》，第 55 期，2008年。

2. 李惠宗，〈繳清罰鍰才能換行照嗎?〉，《台灣本土法學雜誌》，第 30 期，2002 年 1 月。

3. 李建良，〈政治問題與司法審查〉，《憲法解釋之理論與實務》，1998 年 6月。

4. 李建良，〈公法與私法的區別（上）（下）〉，《月旦法學雜誌》，第 5、6期，2003 年 3 月。

5. 李建良，〈行政法第六講：行政法律關係序說〉，《月旦法學雜誌》，第 30期，2005 年 4 月。

6. 李建良，〈行政法上義務繼受問題初探〉，李建良、劉淑範主編《2005 行政管制與行政爭訟》，2006 年 12 月。

7. 吳庚，〈行政事件與民事事件之劃分──評最高法院八十二年台上字第五一七號判決〉，《月旦法學雜誌》，第 1 期，1995 年 5 月。

8. 吳庚，〈行政契約之基本問題〉，《臺大法學論叢》，第 7 卷 2 期，1978 年6 月。

9. 林明鏘，〈比例原則之功能與危機〉，《月旦法學雜誌》，第 231 期，2014年。

10. 柯格鐘，〈所得稅論產業稅爭訟實務〉，100 年培訓高等行政法院訴訟庭法官倫理課程，司法院司法人員研習所，2011 年 4 月 11 日。

11. 陳敏，〈稅法總論與爭訟實務〉，100 年培訓高等行政法院訴訟庭法官倫理課程，司法院司法人員研習所，2011 年 4 月 11 日。

12. 陳愛娥，〈如何明確適用「法律明確性原則」? ──評司法院釋字第五四五號解釋〉，《月旦法學雜誌》，第 88 期，2002 年 9 月。

13. 陳清秀，〈淺談迴避制度之本質及其相關問題〉，《台灣本土法學雜誌》，第 190 期，2011 年 12 月。

14. 許宗力，〈論法律明確性之審查：從司法院釋字相關解釋談起〉，《國立臺灣大學法學論叢》，第 41 卷第 4 期，2012 年 12 月。

15. 許宗力，〈比例原則與法規違憲審查〉，《戰鬥的法律人——林山田教授退休祝賀論文集》，2004 年。

16. 黃錦堂，〈由德國法之發展論我國行政法院之審查密度〉，《行政訴訟論文彙編》，第二輯，1999 年。

17. 湯德宗，〈大學教師升等評審的正當程序——論大法官釋字第 462 號解釋之適用〉，《月旦法學雜誌》，第 97 期，2003 年 6 月。

18. 湯德宗，〈論違反行政程序的法律效果〉，《月旦法學雜誌》，第 57 期，2000 年 2 月。

19. 湯德宗，〈論資訊公開與卷宗閱覽——行政法院相關判決評釋〉，《行政管制與行政爭訟》，2005 年。

20. 蔡志方，〈論行政法上之法規競合及其處理〉，《萬國法律》，第 126 期，2002 年 12 月。

21. 蔡宗珍，〈公法上之比例原則初論——以德國法的發展為中心〉，《政大法學評論》，第 62 期，1999 年。

22. 蔡茂寅，〈比例原則在授益行政領域之適用〉，《月旦法學雜誌》，第 35 期，1998 年。

23. 蕭文生，〈行政處分明確性之要求——評最高行政法院九十四年度判字第二〇一五號判決及最高行政法院九十八年度判字第一一三二號判決〉，《月旦法學雜誌》，第 184 期，2010 年 9 月

外文專論書籍

1. Wolff/Bachof, Verwaltungsrecht I, München 1974, 9. Aufl.

2. Norbert Achterberg, Die Rechtsordnung als Rechtsverhältnisordnung, 1982.

3. Joachim Martens, Der Bürger als Verwaltungsuntertan? In: KritV 1986, S. 104.

4. Hartmut Maurer, Allgemeines Verwaltungsrecht, München 2011, 18. Aufl.

5. Wolff/Bachof/Stober, Verwaltungsrecht I, München 1999, 11 Aufl.

6. Drews/Wacke/Vogel/Martens, Gefahrenabwehr, Köln 1986, 9. Aufl.

7. Johannes Dietlein, Nachfolge imöffentlichen Recht, Berlin 1999.

8. "Those who skate in thin ice can hardly expect to find a sign which will denote the precise spot where they may fall in" Knuller v. DPP, [1973] A. C. 435 (HL).

9. Y Volk, Die Bestimmtheit von Verwaltungsakten nach§37 Abs. 1 VwVfG, Diss. Köln, 2002.

10. Rolf Stober, Allgemeines Wirtschaftsverwaltungsrecht, Stuttgatt 2000, 12. Aufl.

11. Dieter Schmalz, Allgemeines Verwaltungsrecht, 3. Aufl., 1998.

12. M. Morlok, Einstandspflicht für rechtswidriges Staatshandeln, in: Hoffmann Riem/Schmidt-Aßmann/Voßkuhle (Hrsg.), Grundlagen des Verwaltungsrechts, BandIII, 2009

13. 陳清秀，〈淺談迴避制度之本質及其相關問題〉，《台灣本土法學雜誌》，第 190 期，2011 年 12 月。

14. 許宗力，〈論法律明確性之審查：從司法院釋字相關解釋談起〉，《國立臺灣大學法學論叢》，第 41 卷第 4 期，2012 年 12 月。

15. 許宗力，〈比例原則與法規違憲審查〉，《戰鬥的法律人——林山田教授退休祝賀論文集》，2004 年。

16. 黃錦堂，〈由德國法之發展論我國行政法院之審查密度〉，《行政訴訟論文彙編》，第二輯，1999 年。

17. 湯德宗，〈大學教師升等評審的正當程序——論大法官釋字第 462 號解釋之適用〉，《月旦法學雜誌》，第 97 期，2003 年 6 月。

18. 湯德宗，〈論違反行政程序的法律效果〉，《月旦法學雜誌》，第 57 期，2000 年 2 月。

19. 湯德宗，〈論資訊公開與卷宗閱覽——行政法院相關判決評釋〉，《行政管制與行政爭訟》，2005 年。

20. 蔡志方，〈論行政法上之法規競合及其處理〉，《萬國法律》，第 126 期，2002 年 12 月。

21. 蔡宗珍，〈公法上之比例原則初論——以德國法的發展為中心〉，《政大法學評論》，第 62 期，1999 年。

22. 蔡茂寅，〈比例原則在授益行政領域之適用〉，《月旦法學雜誌》，第 35 期，1998 年。

23. 蕭文生，〈行政處分明確性之要求——評最高行政法院九十四年度判字第二〇一五號判決及最高行政法院九十八年度判字第一一三二號判決〉，《月旦法學雜誌》，第 184 期，2010 年 9 月

外文專論書籍

1. Wolff/Bachof, Verwaltungsrecht I, München 1974, 9. Aufl.

2. Norbert Achterberg, Die Rechtsordnung als Rechtsverhältnisordnung, 1982.

3. Joachim Martens, Der Bürger als Verwaltungsuntertan? In: KritV 1986, S. 104.

4. Hartmut Maurer, Allgemeines Verwaltungsrecht, München 2011, 18. Aufl.

5. Wolff/Bachof/Stober, Verwaltungsrecht I, München 1999, 11 Aufl.

6. Drews/Wacke/Vogel/Martens, Gefahrenabwehr, Köln 1986, 9. Aufl.

7. Johannes Dietlein, Nachfolge imöffentlichen Recht, Berlin 1999.

8. "Those who skate in thin ice can hardly expect to find a sign which will denote the precise spot where they may fall in" Knuller v. DPP, [1973] A. C. 435 (HL).

9. Y Volk, Die Bestimmtheit von Verwaltungsakten nach§37 Abs. 1 VwVfG, Diss. Köln, 2002.

10. Rolf Stober, Allgemeines Wirtschaftsverwaltungsrecht, Stuttgatt 2000, 12. Aufl.

11. Dieter Schmalz, Allgemeines Verwaltungsrecht, 3. Aufl., 1998.

12. M. Morlok, Einstandspflicht für rechtswidriges Staatshandeln, in: Hoffmann Riem/Schmidt-Aßmann/Voßkuhle (Hrsg.), Grundlagen des Verwaltungsrechts, BandIII, 2009

法學啟蒙叢書
——帶領您認識重要法學概念之全貌

　　在學習法律的過程中，常常因為對基本觀念似懂非懂，且忽略了法學思維的邏輯性，進而影響往後的學習。本叢書跳脫傳統法學教科書的撰寫模式，將各法領域中重要的概念，以一主題即一專書的方式呈現。希望透過淺顯易懂的說明及例題的練習與解析，幫助初學者或一般大眾理解抽象的法學觀念。

最新出版：

民法系列

- 代理關係　　　　　　　　　　劉昭辰／著
- 無因管理　　　　　　　　　　林易典／著
- 物權基本原則　　　　　　　　陳月端／著
- 論共有　　　　　　　　　　　溫豐文／著

刑法系列

- 未遂與犯罪參與　　　　　　　蕭宏宜／著

行政法系列

- 行政命令　　　　　　　　　　黃舒芃／著
- 地方自治法　　　　　　　　　蔡秀卿／著
- 行政罰法釋義與運用解說　　　蔡志方／著

本系列叢書陸續出版中……

法學啟蒙叢書

◎ 代理關係　劉昭辰／著

　　本書企望能以十萬字的篇幅，透過生動活潑的講解方式及案例試舉，來呈現代理的法學理論。一方面希望可以讓學習者，避免因抽象的學術寫法而怯於學習；二方面也希望避免本書成為僅是抽象文字的堆積，而變成令人難以親近的學術著作。本書盡力對代理理論做最詳盡的解說，除期望可以提供初學者對於代理理論有更多的閱讀資料外，也冀望本書可以讓一般法律實務工作者樂於使用當中資料於實務工作中，以求充分發揮法律理論的學術功能性：將法律正義實踐於生活。

三民網路書店　會員
獨享好康
大放送

通關密碼：A7037

憑通關密碼
登入就送100元e-coupon。
（使用方式請參閱三民網路書店之公告）

生日快樂
生日當月送購書禮金200元。
（使用方式請參閱三民網路書店之公告）

好康多多
購書享3%～6%紅利積點。
消費滿350元超商取書免運費。
電子報通知優惠及新書訊息。

書種最齊全
服務最迅速

超過百萬種繁、簡體書、外文書5折起　三民網路書店 www.sanmin.com.tw